本书获得教育部人文社科项目"互联互通建设对中国与
影响机制及对策研究"（18YJC790085）；
山东省高等学校人文社会科学研究计划项目（RW2018
贵州省科技厅软科学项目（黔科合体 R 字[2011]LKC20
鲁东大学人文社会科学研究项目"反倾销的直接投资效

反倾销的

直接投资效应研究

李　猛◎著

中国财经出版传媒集团

经济科学出版社
Economic Science Press

图书在版编目（CIP）数据

反倾销的直接投资效应研究/李猛著 . -- 北京：
经济科学出版社，2022.9
ISBN 978 - 7 - 5218 - 4046 - 9

Ⅰ.①反…　Ⅱ.①李…　Ⅲ.①反倾销 - 关系 - 对外投
资 - 直接投资 - 研究 - 中国　Ⅳ.①F752.023②F832.6

中国版本图书馆 CIP 数据核字（2022）第 175099 号

责任编辑：于　源　陈　晨
责任校对：杨　海
责任印制：范　艳

反倾销的直接投资效应研究

李　猛　著

经济科学出版社出版、发行　新华书店经销
社址：北京市海淀区阜成路甲 28 号　邮编：100142
总编部电话：010 - 88191217　发行部电话：010 - 88191522
网址：www. esp. com. cn
电子邮箱：esp@ esp. com. cn
天猫网店：经济科学出版社旗舰店
网址：http://jjkxcbs. tmall. com
北京密兴印刷有限公司印装
710×1000　16 开　9.75 印张　170000 字
2022 年 10 月第 1 版　2022 年 10 月第 1 次印刷
ISBN 978 - 7 - 5218 - 4046 - 9　定价：42.00 元

▶ 前　言 ◀

第二次世界大战后特别是 20 世纪 90 年代以来，随着经济全球化不断加速，世界多极化趋势得到加强，发达国家与发展中国家相互之间经济竞争日趋激烈，各国之间贸易摩擦频仍，以致贸易保护主义抬头。在贸易保护手段上，从关税保护措施向非关税保护措施变化，其中反倾销因其合法性和隐蔽性由维护贸易公平措施变成各国政府相机抉择的贸易保护工具首选。

中国国内经济正值升级转型，出口竞争由市场份额向核心技术延伸，世界经济发展不确定性增加导致欧美等发达国家产业政策回归，发达国家与中国在制造业领域竞争加剧。新兴市场国家的经济增速放缓与严重通货膨胀并存，要素禀赋结构决定了出口商品结构相似性，使依赖出口导向发展战略的发展中国家与中国竞争加剧。中国业已成为当今世界遭遇贸易摩擦重灾区，不仅劳动密集型产品被频繁施以反倾销调查，而且资本密集型、技术密集型产品也未能幸免。更严重的是，中国一旦被施加反倾销调查其被终裁征税的概率和征税税率远高于其他国家，并因此被长期排除在发起国市场之外。

加入世界贸易组织（WTO）以来，中国对外直接投资（OFDI）流量急剧上升，尽管 OFDI 动机多样化，但其中以规避贸易壁垒为目的的投资规模不断扩大。本书通过研究反倾销对中国 OFDI 的诱发作用，检验中国企业是否具备利用"走出去"规避反倾销的能力，既有助于拓展中国企业应对反倾销，降低反倾销损害渠道，也对转变中国对外贸易增长方式，保持中国经济可持续增长，推动互利共赢的开放战略，促进全球分工地位提升具有重要意义。本书利用价格领先的斯塔克尔伯格（Stackelberg）和伯特兰德（Bertrand）寡头垄断模型分析具有不同竞争优势的中国企业如何应对发起国实施的反倾销措施在出口和对外直接投资之间进行选择，并利用固定效应模型、GMM 模型和 DID 模型进行实证分析。

1. 理论研究

反倾销会引发中国在发起国或第三国从事规避动机 OFDI，如果在发起国投资，则不同成本企业的行为选择为：

如果企业投资成本小于自由贸易临界成本，此时企业会选择在发起国投资，投资获得利润高于自由贸易条件下的出口利润。

如果企业投资成本大于自由贸易条件下的临界成本值，但是小于征收反倾销税条件下的临界成本值时，在自由贸易条件下企业将选择出口满足发起国市场，当被征收反倾销税时企业将选择投资在当地生产经营，但相同投资条件下国内福利效应要小于自由贸易条件。

如果企业投资成本大于反倾销税条件下的临界成本，则无论是在自由贸易还是在反倾销情况下企业均会选择出口，自由贸易条件下出口利润高于反倾销税征收条件下的出口利润。

而如果在第三国从事反倾销规避动机 OFDI，则不同成本企业的行为选择为：

当企业投资临界成本高于反倾销税征收后临界成本但小于自由贸易临界成本时，在自由贸易条件下企业将向发起国出口，但当发起国实施反倾销措施时则会通过在第三国 OFDI 规避反倾销。自由贸易条件下企业所得利润和中国国内福利要高于其他条件。如果企业在第三国投资临界成本小于在发起国投资临界成本时，中国企业将在第三国生产然后出口到发起国；反之，中国企业将在发起国生产。

2. 实证研究

（1）与未对中国实施非关税壁垒的国家相比，对中国实施反倾销和特保措施的国家会显著引发中国资本流出。

（2）发起国对中国实施反倾销措施不仅能够显著诱发中国资本流出，而且这种诱发作用具有时限效应，即由于反倾销影响的持续性，中国资本流出会显著受发起国较早对中国实施的反倾销措施影响，特别是发起国已经对中国实施 5~7 年的反倾销会显著影响当期的中国资本流出。

（3）发起国经济衰退或者贸易失衡可能会削弱反倾销跨越投资动机，而发起国失业增加则会强化中国企业反倾销跨越投资动机。

（4）欧盟对中国纺织业实施反倾销措施诱发了中国向越南、老挝、柬埔寨和印度尼西亚的投资，证实了对中国实施反倾销措施能够诱发中国向第三国的投资，这种投资动机除了规避贸易壁垒外，还兼有效率寻求动机而非市场寻求动机。

近年来，中国 FDI 流入一直保持高速增长，但是以纺织业为代表的劳动密集型 FDI 却呈现减少的态势，尽管这是由劳动力成本上升、人民币升值等多种因素导致，但反倾销等贸易壁垒推动的出口成本上升也是重要原因之一。本书通过研究反倾销对 FDI 的影响，在中国国际分工地位不断演变形势下可以剖析外资动态变化的深层次原因，对提升利用外资质量，优化利用外资结构具有重要意义。在机制分析和实证研究基础上，本书发现：

（1）中国当今国际分工地位的形成不仅在于要素禀赋结构，而且在华的跨国公司也扮演着重要的角色，它们在中国投资建立加工贸易型企业，进口中间产品并向其所在母国出口最终产品，并直接导致了中国和其母国之间的巨额贸易逆差，从而使母国对中国发起反倾销的概率增加。此外，发达国家夕阳产业——劳动密集型产业因本国劳动力工资上升而被迫将产业转移至中国，也扩大了中国与其母国之间的贸易逆差，同样导致对中国发起反倾销概率增加。当中国真正遭遇反倾销时，外资企业在中国的出口成本上升将逼迫其向成本更低且未遭遇反倾销的第三国进行转移。

（2）实证研究证实了中国以纺织业为代表的劳动密集型行业遭遇的反倾销会抑制 FDI 的流入。

▶ 目 录 ◀

第一章 导　论

第一节　问题的提出及研究意义

一、问题的提出

随着中国出口规模的扩大，中国遭遇各种贸易摩擦日趋频繁，其中以反倾销最甚，根据世界贸易组织（WTO）统计，1995～2021 年中国累计遭遇反倾销调查 1526 件，约占世界的 23.5%。[①] 反倾销的负面影响具有长期性，因为反倾销一旦立案，其保护期便长达 5 年之久，而 5 年期满发起国会实施日落复审（sunset reviews），若日落复审未通过则被继续征收 5 年反倾销税，如中国出口美国的氯化钡、碳钢焊接钢管、三氯硝基甲烷、铁铸件、石蜡蜡烛、搪瓷厨具、高锰酸钾已经被连续征收了 20 多年的反倾销税。因此反倾销使中国出口不确定性增加，对中国经济可持续发展产生不利影响。

而与此同时，中国对外直接投资呈现出高速增长的态势。1982 年中国对外直接投资流量仅 0.44 亿美元，2020 年达到了 1537.1 亿美元，40 年来翻了 3000 多倍，占世界对外直接投资流量的比重也从 1982 年的 0.16% 上升到 2020 年的 20.2%。对外投资存量 1982 年为 0.44 亿美元，占世界对外直接投资的存量仅为 0.01%，而 2020 年中国对外投资存量达到 39.25 万亿美元，占世界总投资存量的比例为 6.6%。[②] 尽管造成中国对外直接投资（OFDI）急剧扩大的原因有多种，但本书认为以规避反倾销为代表 OFDI 比重在不断增大。如 2016 年 7 月美国家电制造商惠而浦向美国商务部和国际

---

① 笔者根据 WTO 反倾销数据库相关数据整理所得。
② 笔者根据《2020 年度中国对外直接投资统计公报》相关数据整理所得。

贸易委员会提出申请对韩国的三星、LG 等企业所生产的大容量洗衣机产品进行反倾销调查，2016 年 7 月美国商务部裁定三星及 LG 存在倾销行为并分别征收 52.51% 及 32.12% 的反倾销税，同时此次终裁将反倾销税扩大至中国出口的大型洗衣机产品。而我国的美的集团采取通过收购德国机器人巨头库卡，并与以色列运动控制系解决方案提供商 Servotronix 达成战略合作交易规避反倾销的影响。① 2019 年 10 月，美国商务部发布了针对中国记忆棉床垫的反倾销调查最终裁定，对来自中国的部分企业征收高达 192.04% ~ 1731.75% 的反倾销税率。面对美国的反倾销裁定，2020 年中国床垫企业如梦百合先后在美国东部的南卡罗来纳州和西部的亚利桑那州，建设了两座工厂，其中西部的将成为梦百合最大的工厂②。本书认为中国在世界贸易份额扩大并伴随企业竞争优势提升，使企业具备了在国外投资的必要条件，而反倾销的频繁发生容易成为中国 OFDI 诱发条件，此外，在国内内需尚不足以消化中国强大出口产能，遭遇反倾销的中国企业通过在发起国投资设厂转移产能并规避贸易壁垒具有现实性。

此外，中国劳动密集型外国直接投资（FDI）近年来却呈现出下降的势头，如中国的纺织业 FDI 则从 2003 年 21.9 亿美元下降至 2020 年 3.9 亿美元。③ 尽管造成中国 FDI 的原因也是多种多样的，但本书认为对华反倾销等贸易壁垒的频繁发生是造成中国劳动密集型 FDI 减少的重要原因之一。中国以廉价劳动力要素禀赋切入全球价值链，形成了发达国家凭借核心技术优势布局在以资本和技术密集为特征的价值链高端环节，中国以低质生产要素禀赋被俘获在劳动密集、资源密集为特征的价值链低端环节的分工局面，形成俘获型网络价值链治理模式。反倾销必然对以寻求成本最小化的跨国公司产生负面影响，中国劳动密集型 FDI 正面临着越南、孟加拉国、印度尼西亚的挑战。以纺织业为例，受劳动成本提升影响，耐克、阿迪达斯等企业正在将生产从中国转向越南，并且美国从中国进口的服装、棉制品、毛制品数量均出现不同程度下降，而从越南、孟加拉国、印度尼西亚的进口则出现不同程度的增长。研究反倾销对中国 FDI 的影响对于中国就业问题的解决，促进国内技术水平提升，缩小地区差距具有重要意义，并且有助于

---

① 大型洗衣机对美出口被反倾销 贸易摩擦或加剧 家电企业未来出口易 "踩雷" [EB/OL]. [2017 - 02 - 19]. http://www.cb.com.cn/index/show/gs/cv/cv12521161161/p/s.html.

② 挨过反倾销大棒的中国企业，现在过得怎么样了 [EB/OL]. [2021 - 12 - 27]. http://app.myzaker.com/news/article.php?pk = 61c8807a8e9f0978a60bf089&f = zaker_ live.

③ 笔者根据 2004 ~ 2021 年的《中国统计年鉴》相关数据整理所得。

提高 FDI 质量，优化 FDI 结构。

尽管有诸多文献讨论了中国 OFDI 的动因，但对于反倾销的直接投资效应的研究仍然缺乏，基于此本书认为以下问题需要进一步深化：

首先，反倾销诱发中国 OFDI 的理论机制和实际验证，具体可分为：

（1）不同年份发起的反倾销对当期的 OFDI 是否具有不同影响的研究。企业无论从事绿地投资，还是跨国并购，在决定投资之前均需要一定的考察期限，反倾销的发生未必会马上诱发企业投资，并且不同国家反倾销从发起到撤销的时间不一样，对中国出口持续影响也不尽相同，也未必会马上诱发企业投资。

（2）不同宏观经济形势引发的反倾销对 OFDI 的影响的研究。发起国经济形势是企业在做投资决定时不得不考虑的因素，而现有研究仅仅关注反倾销对中国 OFDI 的诱发作用，忽略了反倾销背后发起国经济形势变化的作用因素。

其次，中国通过向第三国的投资规避反倾销研究。中国遭遇反倾销的行业竞争优势特征往往表现为低成本、局部技术创新、市场定位和市场销售能力，裴长洪和樊瑛（2010）认为这些竞争优势是基于中国本土的特征形成的，并不能将这些优势复制到发起国。但实际上这些行业却成为了中国 OFDI 的主力军，以纺织业为例，根据 2011 年中国对外直接投资统计公报显示，当年中国 OFDI 境内投资者行业中制造业占到 42.7%，其中纺织业企业对外直接投资居首。既然企业竞争优势无法向发起国转移，而投资又事实存在，那么一个较为合理的猜测是，中国企业一定是向能够转移竞争优势的国家进行了投资，即通过向成本更为低廉且未曾遭遇发达国家反倾销的国家投资从而达到规避反倾销的目的。现有研究均未对此进行过考察。

最后是国内 FDI 流出效应。尽管包括基础设施、人力资源、生产技术等在内的投资环境不断改善，中国实际 FDI 流入从 1995 年 481.33 亿美元上升至 2020 年 1443.69 亿美元，① 但是中国在全球价值链所决定的国际分工格局中地位没有改变，即俘获型网络价值链治理模式。反倾销的实施显然抵消了中国低质要素禀赋的成本优势，这对那些从母国进口中间产品，经中国分公司加工成最终产品并再次出口至母国的跨国企业来说无疑是不利的，基于成本最小化的考虑，跨国公司有可能将代工企业转移至成本更低且未遭遇反倾销的国家，这样势必会导致中国 FDI 流出增加。关于此现有研究鲜有涉及。

---

① 笔者根据《2020 年度中国对外直接投资统计公报》相关数据整理所得。

二、研究意义

(一) 理论意义

(1) 本书研究能够完善发展中国家 OFDI 理论。通过文献梳理笔者发现，现有文献多以发达国家跨国公司为对象研究反倾销如何影响 OFDI，对于发展中国家特别是中国企业的研究较少。如：布洛尼根和奥诺 (Bloigen & Ohno, 1998)、贝尔德斯等 (Belderbos et al., 2004) 利用寡头垄断模型对反倾销发生时企业如何在出口和投资之间进行决定的分析。阿兹拉克和韦恩 (Azrak & Wynne, 1994)、萨尔瓦托 (Salvatore, 1991)、贝尔德斯 (Belderbos, 1997)、巴雷尔和佩恩 (Barrell & Pain, 1999) 利用日本行业数据对反倾销诱发日本 OFDI 进行的实证分析。裴长洪和樊瑛 (2010) 认为中国企业具有的国家竞争优势而非企业竞争优势，企业遭遇反倾销时无法将国家优势转移至发起国。本书利用中国数据实证分析反倾销对中国 OFDI 的影响，并且从反倾销发起时间、反倾销发起背景等多个角度进行分析，研究结论支持了反倾销对中国 OFDI 的诱发作用，研究成果有助于完善发展中国家 OFDI 理论。

(2) 有助于拓展反倾销跨越动机 OFDI 理论。贝尔德斯等 (2004)、阿兹拉克和韦恩 (Azrak & Wynne, 1994)、萨尔瓦托 (Salvatore, 1991)、贝尔德斯 (Belderbos, 1997)、巴雷尔和佩恩 (Barrell & Pain, 1999) 等学者的研究只讨论了反倾销诱发出口国企业向发起国投资的可能性。本书分析了当中国企业不具备在发起国进行投资的竞争优势时，通过向没有遭遇反倾销的第三国投资以规避贸易壁垒的可能性，并且利用了中国的数据验证了这种可能性的存在，对反倾销跨越动机 OFDI 的理论进行了有益的拓展。

(3) 反倾销的直接投资效应理论创新。现有文献仅仅关注反倾销是否会导致出口国 OFDI 的流出，本书结合中国当前国际分工地位形成与演变，探讨了当遭遇反倾销时，流入中国的 FDI 是否会受到影响的问题。本书从全球价值链视角分析了反倾销对中国 FDI 的影响机制，利用纺织业、化工业和机器制造业实证分析了反倾销如何影响中国 FDI，该方面研究创新了反倾销的直接投资效应理论。

（二）现实意义

（1）本书通过研究反倾销的实施对企业行为的影响，挖掘中国企业应对反倾销的基本规律，摸索企业应对反倾销的基本经验。本书研究可以为企业制定海外投资战略提供重要的决策依据，为企业完善跨国经营战略管理提供重要的事实依据。

（2）本书通过研究反倾销对 FDI 的影响，在中国国际分工地位不断演变形势下可以剖析外资动态变化的深层次原因，对于研究如何提高吸引 FDI质量，优化 FDI 结构从而更好地解决中国解决就业问题，促进国内技术水平提升，缩小地区差距具有重要意义。

第二节　国内外研究文献述评

一、反倾销诱发 OFDI 文献综述

关税跨越动机对外直接投资已经被众多学者所证实。对于这种类型投资，蒙代尔（Mundell，1957）的解释是由于要素实际报酬上升而导致的。他认为如果进口产品为资本密集型产品，禁止性关税的征收或者高昂的运输成本会使得进口部门所密集使用的要素——资本的实际报酬上升，从而会引发资本跨国界的流动，直至两国间资本要素价格均等。霍斯特曼和马库森（Horstmann & Markusen，1992）则考虑了一个水平型跨国公司的生产方式分别在完全竞争和不完全竞争条件下如何响应于关税和运输成本变化的。其研究结果显示出：生产成本加上关税或运输成本才是跨国公司生产行为变化的原因，如果很小的贸易税的改变使得企业固定成本加上关税成本变大时就会触发企业在发起国设立分支机构。坎帕（Campa，1998）研究则揭示了不同集聚程度的产业对外直接投资与贸易壁垒的关系，结论为当产业集聚程度高时，FDI 与关税壁垒负相关，与非关税壁垒正相关。然而也有学者持有不同意见。斯密斯（Smith，1987）考虑了出口企业由于本国国内竞争加剧而实施对外直接投资的可能性。他利用寡头垄断模型根据企业投资沉没成本、外生的关税大小求得了一系列的均衡解，结论与前述文献研究结论恰恰相反，即关税会抑制企业的 FDI。

此外，一些学者研究了关税引致对外直接投资如何影响了发起国福利的问题。霍斯特曼和马库森（Horstmann & Markusen，1990）在两国生产同质产品、完全竞争、不存在规模经济收益的假设前提下，通过建立古诺寡头竞争模型，考虑三种均衡的存在——两个企业，其中一个跨国生产；一个企业同时在两个国家生产；两个企业同时在两个国家生产——的情形下，研究认为：进口关税的征收会使原有出口国企业由出口转变为在发起国进行投资生产，这种服务发起国市场方式的变化产生的福利效应较之于不征收关税的福利效应是恶化的。但也有学者持有不同意见，莫塔（Motta，1992）研究显示，如果自由贸易条件下本国就没有厂商进入该产业，那么关税跨越型（tariff-jumping）FDI 就会改善本国的福利。布洛尼根等（Blonigen et al.，2004）运用事件研究方法考察了美国关税征收所引致的关税跨越型 FDI 的福利效应后也发现，如果关税征收没有引致 FDI 则国内游说企业将获得3%的非正常利益（即租金），而如果关税跨越型 FDI 产生则会减少这种非正常利益。并进一步证明得出相较于其他投资方式，企业若采取绿地投资或将母国生产线延伸至美国，则其对美国国内厂商的利润会产生更加显著的负面效应。也就是说关税跨越型 FDI 会增加国内竞争，有利于消费者福利的改善，但对于企业来说却不是一个有利可图的事情。由于政策制定者在制定关税时往往会忽视了跨越型 FDI，因此埃林森和华纳德（Ellingsen & Warneryd，1999）认为政府应该制定一个最优关税，该税率既能够保护本国厂商，又刚好足够低以至于 FDI 不会产生。

现实中发起国除了使用关税限制贸易外，其他频繁使用的贸易壁垒手段还有配额和自动出口限制。安德森（Anderson，1992）发现企业面对自动出口限制时会更多倾向于出口。原因在于如果将关税与配额、自动出口限制相比较，企业会发现不同于仅存在关税的情形，自动出口限制能够给企业带来更高的利润，这样企业从事 FDI 的意愿会因此降低（Konishi et al.，1999；Levinsohn，1989；Hillman & Ursprung，1988）。弗拉姆（Flam，1994）则从福利效应角度研究了自动出口限制与 FDI。他考察了欧盟各成员国对日本汽车制造企业实施贸易政策后发现，如果成员国利用自动出口限制保护本国市场，那么由于各成员政策步调的不一致，政策实施的福利效应必然有利于欧盟内部制造业国家，而不利于非制造业国家；如果日本企业因为贸易壁垒从事 FDI，则福利效应恰恰相反，因此，解决福利效应冲突最优方法是自由贸易。

近年来，随着多边贸易谈判的开展，关税、配额以及自动出口限制被逐步削减，而其他贸易壁垒，特别是反倾销却在不断上升，一些基于反倾销引致 FDI 的研究也逐渐开始出现（Ficher，1992；Prusa，1994；Bloigen & Ohno，1998；Haaland & Wooten，1998；Vandenbussche et al.，1999；Belderbos et al.，2004）。哈兰和伍登（Haaland & Wooten，1998），范登布舍等（Vandenbussche et al.，1999）证实了反倾销能够导致国外企业在受保护的国家设立分厂以规避贸易壁垒。布洛尼根和奥诺（Bloigen & Ohno，1998）建立了一个在发起国市场竞争的两个国家厂商的寡头垄断模型，阐述了外生贸易保护对企业投资的影响机制。他们的模型显示由于发起国施加贸易保护，寡头竞争厂商因为竞争优势不同而从事的投资选择具有显著的战略效应。即如果发起国针对外国厂商实施的贸易保护水平依赖于寡头间的相互行为，并且假设厂商在发起国的生产成本存在差异，那么反倾销可能会引发几种完全不同的结果，既可能引致全部厂商均投资，也可能只引发一个厂商投资，从而将另一个厂商排挤出市场；还可能导致全部厂商均退出发起国市场。他们的研究一个很重要的政策启示是：欠发达国家厂商和（或）规模较小的厂商如果没有跨国经营经验的话，是不可能从事 FDI 的。贝尔德斯等（2004）利用伯特兰德（Bertrand）寡头垄断模型研究了企业响应于反倾销的投资行为。其研究假设在发起国市场仅有国外厂商和本国厂商，当国外厂商被实施反倾销时，基于成本与收益比较的考虑影响了企业的行为模式。他认为当企业成本低于出口向投资转换的收益临界值时，企业就会进行投资，反之企业就会继续从事出口。但是若是企业的竞争优势源于母国不可转移的要素优势或者技术优势等，则企业无论被实施反倾销与否均不会从事对外直接投资。

　　上述学者运用理论分析了反倾销所引致对外直接投资的机理。为了证实理论预期与现实的一致性，许多学者开始利用实证进行分析。阿兹拉克和韦恩（Azrak & Wynne，1994）使用日本 58 个制造业公司 14 年的对外直接投资数据证实了美国贸易壁垒确实刺激了日本企业在美国的投资。萨尔瓦托（Salvatore，1991）利用日本对美国的投资的行业数据研究后发现，美国在彩电、汽车和钢铁行业的贸易保护主义刺激了日本企业的投资，而日本食品和化工行业的投资则不主要是由于贸易保护，更多在于全球化的不断加深。贝尔德斯（Belderbos，1997）利用 1987～1991 年 120 个日本企业日本电子和精密仪器行业 36 种产品的数据，运用 logit 模型估计后认为，关税、反倾销实质性地引致了日本在这两个行业对欧盟和美国的投资。巴雷尔和佩恩（Barrell & Pain，1999）利用日本 1980～1990 年对欧盟成员国和美国的投资面板数据研究发现：将市场规模和相对劳动力成本作为控制变量的前提下发现，投资与贸易保护显著正相关，尤其是与反倾销调查数量水平更为显著。值得一提的是，他们在估计过程中为了更加准确考察反倾销对投资的影响，利用以下公式对反倾销进行了贴现处理：

$$SAD_{i,t} = AD_{i,t} + \sum_{j=1}^{n} (AD_{i,t-j})/j \qquad (1.1)$$

这样处理后可以确保以前的反倾销调查对现在的投资具有逐渐减弱的影响，而在此之前，他们仅简单将反倾销进行加总见式（1.2）：

$$SAD_{i,t} = \sum_{t=1}^{n} AD_{i,t} \quad (t = 1, 2, \cdots, n) \qquad (1.2)$$

加总容易被指责为仅仅为了迎合 FDI 上升的趋势。

格里玛等（Grima et al.，2002）的研究中就利用了式（1.1）衡量了贸易壁垒，他们借助于 tobit 模型也证明了贸易壁垒能够刺激对外直接投资，该论文与上述研究不同之处在于数据的运用更加微观，使用的是 1988 ~ 1996 年日本在英国公司层面的数据。

布洛尼根和芬斯特拉（Blonigen & Feenstra，1997）利用日本 1981 ~ 1988 年 SIC 四位数制造业投资数据分别验证了两种假设：一是上期的反倾销是否能够导致本期的 FDI；二是本期的 FDI 是否能够减少下期的反倾销威胁，表示如下：

$$反倾销_{-1} \rightarrow FDI \rightarrow 反倾销_{+1} \qquad (1.3)$$

他们在研究中对于反倾销的处理采取与巴雷尔和佩恩（Barrell & Pain，1999）完全不同的方法，令

$$\begin{aligned} Z_{i,t-1} &= 1 \text{ 如果 } Z_{i,t-1}^{*} > 0 \\ Z_{i,t-1} &= 0 \text{ 如果 } Z_{i,t-1}^{*} < 0 \end{aligned} \qquad (1.4)$$

$Z_{i,t-1}^{*}$ 是产业 i 在 $t-1$ 年的保护威胁，$Z_{i,t-1}$ 是一个表示反倾销是否做出的伴随指标变量。

对于反倾销$_{-1} \rightarrow$ FDI 假设部分的验证，设定模型：

$$Z_{i,t-1}^{*} = W_{i,t-1}\gamma + \eta_{i,t-1} \qquad (1.5)$$

对于 FDI$\rightarrow$反倾销$_{+1}$ 假设部分的验证，设定模型：

$$Y_{it} = X_{it}\beta + \hat{Z}_{i,t-1}\delta + \varepsilon_{it} \qquad (1.6)$$

$\hat{Z}_{i,t-1}$ 为利用式（1.4）计算所得的预期保护程度。研究结果确认了保护威胁对于日本在美国的非并购 FDI 具有实质性的影响，并且实证结果还显示日本企业因为受威胁从事的 FDI 有干扰贸易保护的政治目的。反倾销实证研

究被解释变量和解释变量选择归纳如表 1 - 1 所示。

表 1 - 1 模型解释变量和被解释变量

学者	变量	变量说明
阿兹拉克和韦恩（Azrak & Wynne，1994）	被解释变量	日本制造业 FDI
	解释变量	美国失业率、请求对日本公司施加反倾销的数量、反倾销立案概率、日元汇率
贝 尔 德 斯（Belderbos，1997）	被解释变量	日本电子和精密仪器行业的投资
	解释变量	贸易政策措施：发起国关税、反倾销是否立案、自愿出口限制实施与否、关于产品识别的虚拟变量； 企业和产业特征：市场份额识别虚拟变量、日本产业世界市场份额、日本企业在发起国经营时间、企业集团参加与否虚拟变量； 产品和市场特征：发起国市场规模、某产品在日本经营历史、运输成本、发起国区位优势虚拟变量
布洛尼根和芬斯特拉（Blonigen & Feenstra，1997）	假设 1 被解释变量	反倾销和免除条款
	假设 1 解释变量	滞后一期日本进口增长率、滞后一期国内产业真实出货量增长率、日本该产业进口占日本对美国进口比重、日本该产业进口占日本全部进口的比重、工会的存在、工资增长率、对其他国家该产业的反倾销和免除条款调查、美国真实 GNP 增长率、滞后的 FDI
	假设 2 被解释变量	日本对美国的投资
	假设 2 解释变量	R&D 开支、日元汇率、日本真实 GNP 增长率、企业集团联系、反倾销立案
巴雷尔和佩恩（Barrell & Pain，1999）	被解释变量	I/Y，其中 I 表示对发起国投资，Y 表示发起国的 GDP
	解释变量	反倾销立案次数、每国金融成本、对发起国出口、出口占发起国 GDP 的比重、是否为欧盟成员国虚拟变量、汇率水平
格里玛等（Grlma et al.，2002）	被解释变量	日本企业在英国对投资
	解释变量	英国区位特征：单位劳动成本、出口强度、市场规模、资本密集度； 国内市场：国内生产总值增长率、产业集聚程度； 日本优势：出口产业所占出口的份额； 贸易壁垒：有效关税率、自动出口限制、反倾销

资料来源：笔者根据文献资料整理所得。

但也有学者质疑反倾销跨越动机 FDI 的一般性。布洛尼根和奥诺（Blonigen & Ohno，1998）认为政府可能基于掏空（Hollow out）国内经济的考虑，并不鼓励企业从事对外直接投资。

随着中国对外贸易规模的扩大，对华反倾销愈演愈烈，对企业出口健康发展威胁也越来越大。在此背景下，杜凯和周勤（2010），杜凯、周勤和蔡银寅（2011）讨论并实证分析了中国企业是否存在反倾销跨越投资行为，其研究结果证实这一假设，即反倾销和关税等贸易壁垒的确刺激了中国企业对外直接投资。他们在研究中借鉴了巴雷尔和佩恩（Barrell & Pain，1999）衡量反倾销的方法，但是存在争议的是在数据的选取上，反倾销并没有选择单独针对中国的数据，而是使用了发起国对所有国家的反倾销数量，这样就会使得原本没有对中国实施反倾销的国家也被纳入模型，难免会造成估计结果偏颇。焦知岳（2006）在贝尔德斯等（2004）研究基础上则利用伯特兰德（Bertrand）双寡头垄断模型讨论了反倾销引致企业 FDI 的一般机制。尽管对中国反倾销跨越动机 FDI 研究较少，但是结论一般支持了这种投资行为的存在，但也有学者持有不同意见。徐世腾（2011）利用2003～2009 年 138 个国家对中国的贸易壁垒（包括关税壁垒和非关税壁垒——反倾销、反补贴和特保措施）数据，采用广义最小二乘法对面板数据进行了估计后认为，中国企业 FDI 不具有避开关税壁垒和非关税壁垒的倾向。此外，一些学者对中国企业是否具备从事 OFDI 的条件也持有质疑。裴长洪、樊瑛（2010）认为中国企业的竞争优势主要表现为低成本、局部技术创新、市场定位和市场销售能力，这些竞争优势是基于中国本土的特征形成的，并不能将这些优势复制到发起国。按照邓宁（Dunning）的国际生产折中理论，企业能够进行对外直接投资必须具备知识资产等竞争优势。贝尔德斯等（2004）、布洛尼根和奥诺（Bloigen & Ohno，1998）在研究中阐述过当企业具有的是不可转移的特定优势时，即使遭遇反倾销，也无法通过在发起国投资进行规避。卢进勇、郑玉坤（2004）尽管不赞成中国企业无法从事贸易壁垒跨越型投资的观点，但是认为中国对外直接投资有近一半是属于贸易促进型的，而可以跨越贸易壁垒的市场导向型对外直接投资所占比例很小。

反倾销成为企业向发起国投资的动机多是以发达国家跨国公司为对象进行研究的，并且通常假设企业具备足够的竞争优势以至于可以在发起国投资设厂，而通常认为中国企业其竞争优势源于本国丰裕的并且无法转移的低质要素禀赋：如劳动力、土地等要素，当遭遇反倾销时，中国难以如同发达国家跨国公司一样在发起国进行投资，然而不可否认的是，中国遭遇反倾销涉及的产品资本、技术含量呈上升的趋势，意味着资本、技术密集型企业也存在遭遇反倾销的可能性，而此类企业具备在发起国投资建厂的竞争优势，所以反倾销有可能会引发中国企业的 OFDI，本书在研究中将利用国家层面数据进行实证分析。

二、反倾销诱发向第三国投资文献综述

企业通过向第三国投资规避发起国反倾销文献较少。贝尔德斯（Belderbos，1997）认为企业通常有两种规避反倾销的途径：一是在第三国建立生产工厂然后再出口至发起国，二是在实施反倾销的发起国直接建立生产工厂。布洛尼根（Blonigen，2001）也强调国外公司通过在发起国或者未遭遇反倾销的第三国布局重新生产能够跨越反倾销措施。沈国兵（2011）认为中国通过对外直接投资来规避欧美反倾销的做法尚属起步，特别是对美国的直接跨越式投资更少。作为应对的反应是，中国一般采取对第三国直接投资的方式来规避美国的反倾销，且大部分投资还是选择贸易政策较为特惠的港口地区，如中国香港、百慕大等避税地。

上述文献无疑为本书提供了有益的启示，本书将结合上述论述从理论上剖析企业通过第三国投资规避发起国贸易壁垒的机制，利用中国相关数据从实证上证实此种类型投资的存在。

三、反倾销对中国 FDI 影响文献综述

反倾销是否会对流入中国的 FDI 产生何种影响的研究也鲜有涉及。仅有姜和伊林格尔（Jiang & Ellinger，2003）指出，美国等 30 个国家对中国产品反倾销，给中国出口企业造成 100 多亿美元损失，并使得外国企业投资中国的热情严重受挫，许多集团决定改变政策投资其他国家。此外，沈国兵（2011）认为在面对来自发达经济体如美国和欧盟，以及发展中经济体如印度和土耳其等不断对中国发起的反倾销等贸易壁垒环境下，中国可积极考虑借鉴日本的有益经验，采取有实力的企业"走出去"战略，鼓励和支持部分生产高质量和高附加值的中国 WBF 企业到美国本土直接投资设厂、就地销售，或者到墨西哥、越南和泰国等第三国投资、对美出口。这样能够起到既改善贸易环境又获取市场空间的双重功效。事实上，美国对

中国 WBF 课征反倾销税后，部分外资家具厂商已经开始了转移投资，特别是一些在中国大陆的台资家具企业开始转向人力成本较低廉的越南和泰国等进行直接投资设厂。

中国凭借劳动力等低质要素禀赋切入全球生产网络无疑为中国经济增长、出口规模扩大带来了持续的动力，然而随着反倾销等贸易壁垒对中国的频繁打压，中国低成本要素禀赋优势正在消失，对以效率寻求为动机的 FDI 势必产生不利影响，外资向成本更低的国家转移的可能性在增加，本书将结合中国国际分工地位深化对于此问题的研究。

四、补偿对外直接投资研究综述

巴格沃蒂（Bhagwati，1985）首次提出补偿对外直接投资（quid pro quo FDI）的概念，此后又经过巴格沃蒂（Bhagwati，1987），迪诺普洛斯（Dinopoulos，1989），翁（Wong，1989），迪诺普洛斯和翁（Dinopoulos & Wong，1991），迪诺普洛斯（Dinopoulos，1992），巴格沃蒂等（Bhagwati et al.，1992）进一步精炼。传统的关于贸易壁垒与 FDI 的解释是由于外生关税壁垒和非关税壁垒的实施而导致企业从事贸易壁垒规避动机 FDI。而补偿 FDI 的是为了减少发起国将来对本国实施的贸易保护发生的概率而从事的投资行为，是关税消除型（tariff-defusing）投资。巴格沃蒂（Bhagwati，1987）认为补偿 FDI 发生的机制在于，代表出口方国家的游说集团可以利用投资在发起国开展公共外交，因为不同于进口是减少工作机会（costing jobs），投资被认为有利于增加工作机会（saving jobs），这种印象的建立（image building）能够影响议会减少针对出口方国家的贸易保护。巴格沃蒂等（Bhagwati et al.，1992）进一步分析认为，补偿 FDI 一方面旨在影响发起国国内寻求贸易保护的供给方，利用所雇用的劳动力对发起国政府进行请求；另一方面旨在缓和贸易保护的需求方的压力，比如因进口增加而导致竞争加剧由此联合起来对政府进行游说的进口竞争部门以及相关联的劳工组织。从补偿投资的概念描述，我们不难推断出，如果跨国企业从事补偿投资行为，那么必然会减少发起国的贸易保护程度。希尔曼和乌斯普林（Hillman & Ursprung，1993）利用古诺寡头垄断模型分析后证实了这一推论。他们认为无论是垂直一体化还是水平一体化跨国公司均具有明显的贸易自由化政策倾向。从垂直一体化跨国公司角度说，因为贸易税收会增加公司内部转移和内部交易中间产品的成本，从而导致跨国公司做出最优转移价格决定，这样又会影响政府税收最大化，所以在给定公司间交易成本的条件下，跨国公司更加偏好贸易政策自由化来减少公司内部交易成本。水平一体化跨国公司的动机可能与垂直一体化跨国公司不同，因为这些跨国公司是通过本地厂商来服务本地市场，有可能对其所在行业寻求贸易保护。但是希尔曼和乌斯普林（Hillman & Ursprung，1993）发现，即便如此，外国并购跨国公司也会尽量减少有贸易保护倾向的政府管理者继任的可能性，从而寻求自由贸易政策。古德曼等（Goodman et al.，1996）则用事实数据分析了美国汽车、半导体、钢铁和打字机联合会是如何被国外公司所影响的，他们研究表明，在大多数情况下，外国公司减少了贸易保护的需求。

　　上述研究不但提出而且证实了补偿 FDI 存在的假设，但也有学者却不认为企业存在补偿投资行为。格罗斯曼和赫尔普曼（Grossman & Helpman，1994）建立一个一般均衡模型显示了发起国政府为实现政治目标函数最大化而实施贸易保护会促使垄断竞争公司在该国开设工厂，但是却没有发现补偿投资的存在。如果把自由流动的特定要素考虑纳入一般均衡模型，一些学者的研究也拒绝了补偿投资行为的存在。蔡司（Chase，1998）通过建立这种模型分析后发现，当产业面临更加容易的资本流入时，企业并不具有强烈的动机寻求贸易保护，因为外国公司可以很容易地进入他们所在行业进行竞争并分享垄断租金。希斯科克斯（Hiscox，2004）也发展了包含资本自由流动的模型，他的结论是如果当制造商所在行业国际资本流动增加时，制造商不会成为贸易保护主义者，但是当制造商以外的行业国际资本流动增加时，制造商就一定会成为保护主义者。

　　理论模型分析的争议引发学者开始从实证角度进行验证。本书上述提及的布洛尼根和芬斯特拉（Blonigen & Feenstra，1997）研究便显示出了补偿 FDI 的存在。布洛尼根和菲利奥（Blonigen & Figlio，1998）观察了1985～1994美国参议院关于实行自由贸易还是保护贸易的投票情况，利用面板数据进行分析后发现，投资的确影响了立法者行为，但并不一定是由补偿 FDI 引起的，但也不能完全排除补偿 FDI 的存在，之所以不能被显著性地确认在于：补偿 FDI 有可能较少发生也有可能还没有成功。曾和舍曼（Zeng & Sherman，2005）利用产业层面数据分析后认为资本的流入并不能成功消除反倾销。因为 FDI 意味着不同国家企业与本国企业竞争的加剧，竞争的威胁会导致本国产业利用制度途径寻求贸易救济。

　　本书认为 OFDI 在中国尚属刚起步，考虑到企业所在行业多为低技术含量行业，竞争激烈，为了避免搭便车，企业从事公共外交的可能性较小，并且企业在国外经营时间较短，公共外交即使实施是否会产生效果也存在疑问，因此企业不会从事补偿性 OFDI，但是作为其他国家现实的存在，在文献综述中加以描述。

第三节　研究方法、结构框架和研究内容

一、研究方法

本书在研究过程中，以微观经济学、国际经济学等为模型理论基础，以计量经济学、统计学为实证方法理论基础，共同结合分析反倾销的直接投资效应，具体来说：

（1）利用寡头垄断模型分析反倾销诱发企业投资机制分析。本书在研究过程中分别利用价格领先斯塔克尔伯格（Stackelberg）和伯特兰德（Bertrand）寡头垄断模型研究当对发起国实施反倾销措施企业如何在出口和投资之间进行选择，以及相应的选择对企业利润、中国福利等的影响。

（2）面板数据模型、动态面板数据模型、差分（DID）模型的使用。基于数据的可获得性，本书实证分析模型利用了面板数据模型、动态面板数据模型和差分模型。在具体的估计过程中，将考虑变量之间的格兰杰因果关系、变量的协整问题；此外还将根据 hausman 检验结果判断面板数据模型究竟使用固定效应还是随机效应；考虑到模型存在异方差的问题，还将运用截面加权（Cross-section weights）方式进行估计。动态面板的估计过程将利用了两阶段动态面板估计方法，工具变量选取利用 Arellano-Bond 方法。

（3）在研究过程中，还将采用定性描述、图示、归纳等研究方法对反倾销演化和对外直接投资动机、中国国际分工形成进行表述和分析。

二、结构框架

本书技术路线如图 1－1 所示。

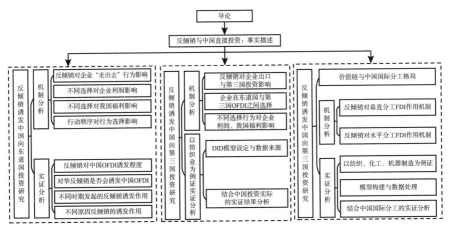

图 1 - 1　本书技术路线

三、研究内容

第一，本书追溯了反倾销政策兴起与演化的历史并对反倾销的政治经济动因进行了详细分析，以贸易保护手段转变为主线分别阐述了反倾销之前贸易保护、政策源起、反倾销如何开始披着合法外衣开始阻碍贸易发展，从而对反倾销如何从维护贸易公平的手段一步步发展成为各国相机抉择的贸易保护工具进行了详细的研究。其后总结了中国遭遇反倾销的特点，最后本书对反倾销诱发中国资本流动进行了分析。借助于反倾销历史、发展特点的分析，本书为下文理论和实证分析提供铺垫。

第二，本书研究反倾销诱发 OFDI 的机制，并从不同角度进行实证分析。本书在借鉴贝尔德斯等（2004）的基础上，发展了价格领先的斯塔克尔伯格（Stackelberg）寡头垄断模型。在假设中国企业具备竞争优势的条件下，讨论当发起国实施反倾销措施时中国企业如何在出口和投资不同行为之间进行选择，对应不同行为企业利润将如何变化，中国国内福利又将如何变化？如果中国企业意识到发起国政府会对出口产品征收反倾销税，企业首先行动的情况下，均衡结果是否会不一致？如果中国企业竞争优势无法转移的情况下，企业又将在出口和投资之间进行选择？此后，本书利用中国相关数据实证分析了对中国实施反倾销的国家较未发起反倾销国家是否会显著诱发中国 OFDI？对中国实施反倾销能够在多大程度上诱发反倾销？不同时期发起的反倾销对中国 OFDI 诱发的影响一样吗？发起国宏观经济形势不一而发起的反倾销是否会强化或削弱反倾销跨越 OFDI

动机？

第三，本书分析中国利用第三国投资规避反倾销的机制，并利用纺织业数据进行验证。本书在假设存在中国、发起国、第三国三个国家的前提下，通过拓展价格领先的斯塔克尔伯格（Stackelberg）寡头垄断模型，分析了当发起国实施反倾销时中国企业如何在发起国和第三国之间选择投资对象，以及不同行为选择对企业利润和对中国国内福利的影响。其后，本书以纺织业为例证实证分析了当欧盟对中国纺织业实施反倾销是否会导致中国向越南、柬埔寨、老挝、印度尼西亚投资的增加。

第四，本书研究反倾销如何影响中国 FDI，并利用行业数据进行实证分析。本书将详细考察中国国际分工地位如何演变发展的，并从要素禀赋予跨国公司两个方面阐述中国国际分工形成根本动因。反倾销将导致跨国企业在中国出口成本上升，基于此，本书分析了反倾销对中国内向垂直分工FDI 和水平分工 FDI 的影响机制，其后，利用纺织原料及纺织制品、化学工业及其相关工业的产品及机器、机械器具、电气设备及其零件；录音机及放声机、电视图像、声音的录制和重放设备及其零件、附件三个行业实证分析对中国反倾销是否会导致 FDI 的减少。

第四节　可能的创新及不足

一、创新之处

（一）研究内容创新

哈兰和伍登（Haaland & Wooten，1998）、范登布舍等（Vandenbussche et al.，1999）、贝尔德斯等（2004）以及代中强（2008）、刘阳春（2008）、杜凯，周勤（2010）等学者的研究均以发起国反倾销如何诱发对该国 OFDI 为主，而本书则从三个方面对反倾销的直接投资效应研究内容进行了创新，一是反倾销在不同限定条件下（如不同时期、不同成因）如何影响中国 OF-DI 的研究；二是中国如何利用第三国 OFDI 规避反倾销的研究，三是反倾销如何影响中国 FDI 的研究。

（二）研究方法创新

本书研究方法具有以下两方面创新：

一是理论研究方法创新。首先是本书在贝尔德斯等（Belderbos et al.，2004）研究基础上，放松原模型限定条件，利用更为符合中国国情的假设分析中国企业如何利用 OFDI 规避反倾销。其次是本书创新性地将贝尔德斯等（2004）拓展至中国利用第三国 OFDI 规避反倾销机制研究。最后本书结合全球价值链理论创新性地研究了反倾销影响中国 FDI 的机制。

二是实证研究方法创新。与代中强（2008）、刘阳春（2008）、杜凯和周勤（2010）研究相比，本书创新之处在于：首先是引入了 GMM 估计方法消除内生性和 DID 估计方法消除个体效应；其次是使用行业层面数据结论更有说服性。

（三）研究观点新颖性

本书围绕反倾销的直接投资效应展开研究，并得到与现有文献相比更为独特的观点：

（1）较早实施的反倾销（通常在 5 ~ 7 年）能够更加显著诱发中国 OF-DI，并且发起国经济衰退或者贸易失衡会削弱反倾销跨越投资动机，而发起国失业增加则会强化该动机。

（2）部分竞争优势不强的中国企业利用第三国投资实现了反倾销规避。

（3）反倾销已经对中国 FDI 构成了不利影响。

二、不足之处

（1）数据获得的局限。到目前为止我国尚未公布行业层面分国家或地区的 OFDI 数据，因此本书在研究过程中囿于行业层面数据获得的局限性，不得已采用国家层面的数据进行验证。由于数据的局限性导致了本书实证分析存在改进空间。

（2）指标量化的困难。首先，从现有文献研究来看，如何量化反倾销实施的效应存在诸多困难，因此本书借鉴了大多数文献的做法，按照反倾销征税的次数作为效应的替代变量，如果反倾销效应量化方法改进则本书实证分析也存在改进空间。其次，与反倾销相比，其他非关税壁垒如：反补贴、特别保障措施以及技术性贸易壁垒的量化更加困难，而且在逻辑上上述非关税壁垒对中国 OFDI 的诱发机制也无法成立。比如，反补贴是由于一国政府或任何公共机构向本国企业或产业提供的资金或财政上优惠措施，以使其产品在国际市场上比未享受补贴的同类产品处于有利的竞争地位。如果企业因为获得政府直接补贴才能够具备出口竞争力，那么一旦遭遇反补贴，企业是不会从事对外直接投资的，因为企业竞争优势的形成是基于政府的帮扶而不是依赖于企业自身，这种竞争优势是无法转移的。技术性贸易壁垒虽然已经成为一些国家限制进口的重要手段，但是如果企业出口产品未能达到发起国技术标准的话，那么企业通过在该国投资生产就能达到标准吗？因此，当企业面临技术贸易壁垒，更理性的选择应该是改善原有生产技术，而不是投资。

第二章　反倾销与中国直接投资：事实描述[*]

随着经济全球化的深入，发达国家和发展中国家之间经济实力此消彼长，世界分工格局从以垂直分工为主向水平分工演进，此中各国之间贸易往来不仅限于产业间交换，逐步从产业内贸易向产品内贸易转变，在这过程中，发达国家之间、发展中国家之间以及发达国家和发展中国家之间无可避免地存在产品交集，国家之间市场竞争加剧，贸易摩擦升温，频繁使用各种合法手段保护本国市场在所难免。反倾销因其合法性和好用性成为各国政府相机抉择的贸易保护工具，而遭遇反倾销的国家也通过各种方式抵消反倾销带来的消极影响，其中通过投资绕过反倾销成为众多企业的选择。

第一节　反倾销背景与成因

"倾销"作为政治经济学一个术语早已存在，但直至 1923 年才由雅各布·维纳（Jacob Viner）系统阐述。维纳（1923）在其著作《倾销：国际贸易中的一个问题》中注意到 16 世纪英国作家控诉外国人以亏本的价格销售纸品以期挤垮英格兰幼稚的纸张业。此外，他还发现 17 世纪荷兰人同样被指责以异乎寻常的低价在波罗的海买卖以驱逐法国竞争对手。维纳由此对倾销商的盈利性、倾销对进出口国价格和产业的影响进行了分析，并最早做出了经济学解释。然而早已在此之前，反倾销措施已经在加拿大、澳大利亚、新西兰、美国等国实施。

一、反倾销产生背景

当 1770 年至 1870 年在英国发生工业革命而使英国成为世界经济中心

---

* 本章各国数据由笔者根据世界银行"商品出口（现行美元）""GDP（2015 年不变价美元）"相关资料整理所得。

时，美国及德国仍然属于落后农业国家。为了发展本国经济，1791 年美国第一任财政部长亚历山大·汉密尔顿在《制造业的报告》中提出了幼稚产业保护论，后经德国经济学家弗里德里克·李斯特在 1841 年的《政治经济学的国民体系》中系统发展。李斯特针对当时德国相对落后局面，提出以禁止进口和征收高关税的办法对国内新兴工业进行保护，从而避免被强大的英法工业挤垮。然而随着 1870 年到 20 世纪初在德国和美国发生的第二次工业革命，扭转了这一局面，欧美等国家生产力普遍提升，经济体制和经济结构发生巨大变化，各国之间国际贸易突飞猛进，从 18 世纪初到 19 世纪初的近 100 年中，世界贸易额增长了 1 倍多。尽管如此，一个事实应该被注意到，在工业革命期间各个国家工业发展程度不一，在一些国家处于幼稚阶段的产业，在另一些国家可能已经是实力雄厚，为了避免本国产业遭受打击，贸易保护便相应产生。克莱门斯和威廉姆森（Clemens & Williamson，2001）发现在 18 世纪 60 年代，世界平均关税水平并不是非常高（见图 2 - 1）。一是欧洲核心国家（法国、德国、英国）平均关税水平在当时是最低的；二是由于欧洲列强对欠发达国家的侵略，一些国家如中国、日本、缅甸、埃及沦为半殖民地或殖民地国家，被迫与核心国家签订不平等条约，实行自由贸易，关税水平也普遍较低。只有欧洲移民国家（阿根廷、澳大利亚、加拿大、智利、古巴、新西兰、乌拉圭）当时关税率非常高。

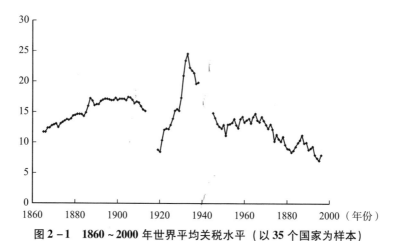

图 2 - 1　1860 ~ 2000 年世界平均关税水平（以 35 个国家为样本）

资料来源：Clemens & Williamson. Tariff-Growth Paradox? Protection's Impact the World Around 1875 - 1997 [J]. NBER Working Paper.

世界上第一部关于反倾销的法律最早于 1904 年产生于加拿大，其初衷在于消除不公平竞争。19 世纪末，加拿大西部平原对移民开放，省际铁路的迅速发展带动了铁路业的兴盛，钢轨需求旺盛。美国钢铁公司借此机会以超乎寻常的低价向加拿大铁路公司销售铁轨，这招致加拿大钢铁公司对美国钢铁公司以低价倾销不公平竞争的指控。由于当时加拿大政府关税修订需要兼顾所有企业利益，所以难以依靠提高关税限制钢轨进口。于是，为了消除不公平竞争，第一部反倾销法律于 1904 年在加拿大诞生。但该法律仅限于消除不公平竞争，尚无贸易保护之说，其原因在于当时国家间实行高关税壁垒以及人们观念所限，普遍认为关税才是贸易保护手段，而反倾销则似是而非，因此这部法律在加拿大并没有导致对进口贸易的限制。此后，澳大利亚、新西兰也相继制定反倾销法律。

美国反倾销法律的形成历史不同于加拿大，但却对后来的 GATT/WTO 反倾销协议的影响至关重要。1916 年，美国关税委员会开始着手调查美国市场上面临的外国竞争情况，调查围绕外国竞争者在美国市场以低于在其母国市场的公平市场价格销售的不公平竞争展开。所有美国公司都参加了调查，结果显示仅有少部分公司宣称倾销存在，其余大部分公司均对倾销不了解。由于这次调查未取得预期结果，美国关税委员会不得不参照加拿大制定了反倾销法律，国会于 1921 年通过该法律。美国反倾销法律授权美国国家贸易委员会做出损害决定，由总统指派美国商务部做出倾销决定。截至 1921 年，法国、英国以及大部分英联邦国家均通过了反倾销法律。

1921 年，第一次世界大战期间，德国将大量货物在世界各地倾销为了获得经济战场的胜利以弥补军事战场的失利，因此造成世界各国反德国情绪高涨，也成为当时资本主义国家急迫通过反倾销法律的动因，即便如此反倾销仍然不是主要的贸易保护手段。在 20 世纪上半叶，由于战争的破坏和世界性经济危机的发生，使得国际贸易出现波动，一战结束后国际贸易缩减 40%，1924 年略有回升，但 1929~1933 年的世界经济大萧条再一次使国际贸易跌入谷底，甚至到二战爆发前的 1937 年，世界出口额也仅有254.8 亿美元，尚不及 1929 年的 327.5 亿美元，甚至低于 1924 年的 275.95亿美元。为了克服世界性经济危机对本国经济的冲击，世界各国纷纷采取提高关税和贬值本币的政策进行自救。1930 年，美国根据《斯穆特—哈雷关税法》将本国平均关税从 38% 上升至 52%，随后英国、加拿大、法国、意大利、西班牙、澳大利亚和新西兰等国纷纷开始实施报复性关税，关税率一般都在50%以上。经济衰退成为贸易保护的重要推手,高关税仍然是这一阶段贸易保护的主要手段(见图2-1)。

二战以后至20世纪70年代,国际政治经济秩序的改善和三次科技革命的产生,为世界贸易发展提供了相对稳定、公正和自由的环境。两次世界大战使西方主要工业国家饱受战乱之苦,各国都希望拥有和平、稳定的发展环境,战后建立的联合国以及各种多国政治和军事同盟避免了大规模战事的发生,稳定了国际政治秩序。战争期间,各国为了争夺资源、保护国内市场实行竞相贬值的汇率政策和以邻为壑的高关税壁垒政策,战后以布雷顿森林协定为基础建立的国际货币基金组织(IMF),在稳定汇率和消除外汇管制方面起到了积极的作用;《关税与贸易总协定》(GATT)则为各国提供多边协商的舞台,开展多轮降低关税谈判,有效地降低了成员的关税总体水平,这两项协议改善了国际经济秩序。战后在美国以原子能、电子、合成材料、航天技术和生物技术为代表的技术革命,促进世界经济增长,深化了国际分工,改善了国际贸易商品结构,世界贸易额迅速增加。世界贸易获得一个相对稳定、公平和自由的环境,贸易壁垒大幅降低,据张二震、马野青(2009)统计,发达国家平均关税率从1948年的36%降至20世纪90年代中期的3.8%,发展中国家和地区同期降至12.7%;芬格(finger,1993)统计,截至1958年5月仅有37项反倾销判决生效,胡弗鲍尔(Hufbauer,1999)发现1954~1974年,在美国仅有不到100件反倾销案件发生并且其中大多数都没有被立案,斯科特(Schott,1994)注意到在20世纪60年代,所有GATT成员每年反倾销申请仅有10份左右。二战后,各国经济的飞速发展一定程度上抑制了贸易保护,关税壁垒以及反倾销等非关税壁垒逐步消除,贸易自由化空前。

20世纪70年代至80年代,西欧和日本经济开始崛起,在国际市场上与美国展开激烈竞争,美国经济的绝对优势地位开始动摇。1970~1990年,美国国民生产总值占世界国民生产总值的比重由38%下降至24.5%,欧共体由23%上升至25.5%,日本从7.7%上升至14.1%。美国、日本、欧洲"三足鼎立"局面形成。在国际贸易和国际收支方面,美国出口额占世界出口额的比重从1947年33%下降至1970年的15.5%。1971年美国首次出现13.03亿美元的对外贸易逆差,此后,除1973年、1975年为小额顺差外,其余年份均为逆差,外汇收支逆差增加,黄金储备大量外流诱发美元危机,动摇了以美元为中心的固定汇率制度,最终导致二战后建立的布雷顿森林协定的瓦解。此外,1973年10月第四次中东战争爆发促使1973~1975年和 1979～1980 年石油和能源价格暴涨，引发西方国家通货膨胀，各国央行试图控制通货膨胀而采取的措施又导致经济衰退，经济萧条和通货膨胀并存，产生"滞胀"，各国开始摒弃凯恩斯主义转向新自由主义经济，即实行稳定的货币供应量、紧缩的财政政策和减少国家对企业的干预等政策，在国际经济领域则实行货币贬值以扩大出口，加剧了贸易摩擦。在此期间，一批新兴工业化和地区，如亚洲"四小龙"的新加坡、韩国和中国台湾、中国香港以及拉丁美洲的巴西、墨西哥、委内瑞拉、阿根廷的经济开始迅速发展，成为国际经济舞台的一只新生力量。在此背景下开始 GATT 展开了两轮谈判——肯尼迪回合谈判和东京回合谈判，反倾销开始披着合法政策外衣成为贸易保护的武器。由于竞争的加剧以及经济周期的波动，主要发达国家之间贸易摩擦不断，在 1963～1967 年肯尼迪回合谈判中，欧洲国家指责美国反倾销程序繁冗，美国则抱怨欧洲法律毫无章法，而本次谈判最终达成的反倾销协议，也因欧洲和美国各自种种情况没有完全得到完全履行。但在 1974～1979 东京回合谈判中，各方同意达成一项新的反倾销协议，协议与 1967 年协议相比有几处变化，一是规定反倾销调查必须履行的详细程序；二是拓宽了"低于公平价值"的定义，除了价格歧视外将低于成本销售也涵盖在内；三是弱化了产业损害标准。如此表面上似乎是欧盟和美国基于倾销增长的顾虑，但实际上弱化这些条款约束力更有利于欧盟和美国对某些国家实施贸易保护，特别是在经济衰退期间。巴塞洛（Barcelo，1991）发现 1979 年反倾销协议主要使用者是美国、加拿大、欧盟和澳大利亚，与 1958 年相比，截至 1989 年 12 月，上述四国反倾销判决多达 530 项。而到了 80 年代晚期，墨西哥也成为"反倾销俱乐部"成员。芬格（Finger，1993）指出当存在价格差异，各国基于弱化的产业损害标准，可以更有选择性地利用 GATT 反倾销协议实施贸易保护。

　　20 世纪 90 年代以来，世界经济格局多极化态势加强，国家间贸易摩擦升温，在关税普遍被削减的今天，反倾销毫无疑问成为贸易保护的中坚力量，并有愈演愈烈之势。当今世界经济格局呈现"一超多强"局面，美国经济、科技和军事实力在当今世界上仍居于主导地位，但这种主导地位受到欧盟、日本等发达国家的挑战，同时随着中国、韩国、新加坡、印度、巴西等国家综合实力增强，发展中国家也开始在国际经济舞台崭露头角。本书以欧盟、美国、日本以及金砖国家 GDP 占世界 GDP 比重为例（见图2－2），美国 GDP 占比 1990 年为 28.9%，居世界第一，至 2000 年上升至 30.6%，此后开始逐年下降，2021 年占比仅为 23.4%，但稳居首位。欧盟 GDP 占比仅次于美国，1990 年、1991 年占比与美国接近分别为 28% 和 27.8%，但此后直到 2021 年呈现单边下降趋势，2021 年占比为 16.8%。1990 年日本 GDP 占比为 17.3%，但此后呈单边下降，2021 年占比仅为 5.1%。反观金砖国家，中国 1990 年 GDP 占比仅为 1.8%，但此后 20 多年单边上扬，2021 年占比达到 18.2% 位居世界第二位；俄罗斯、印度两国变化明显，分别从 1990 年的 1.5%、1.2% 变化至 1.7%、3.1%，巴西、南非则变化不大。美国、欧盟、日本等发达国家经济实力的下降以及中国、俄罗斯、印度等发展中国家经济实力的渐增，加剧了发达国家之间、发展中国家之间乃至发达国家和发展中国家之间竞争。

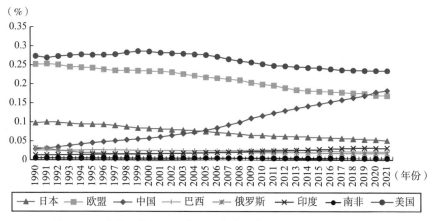

图 2-2 欧盟、美国、日本以及金砖国家 GDP 占世界 GDP 比重
资料来源：笔者根据世界银行数据库 "GDP（2015 年不变价美元）" 计算得出。

图 2-3 显示的欧盟、美国、日本和金砖国家货物和服务出口额占世界出口额比重可以发现在贸易领域竞争的加剧，其中中国崛起的态势尤为显著。从图 2-3 可以发现，欧盟货物和服务出口占世界的比重始终在 30% 左右上下浮动，美国则在 10% 左右上下浮动，日本则在 3% 左右上下浮动，除中国外的其他金砖国家货物和服务出口额占比也基本稳定，只有中国从 1990 年的不到 1% 急剧上升至 2020 年的 12.4%，仅次于欧盟，位居第二，成为出口贸易大国。

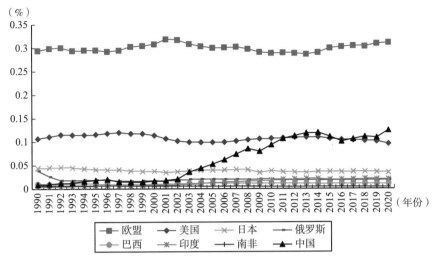

图2-3　欧盟、美国、日本及金砖国家货物和服务出口额占世界比重
资料来源：笔者根据世界银行数据库"货物和服务出口（2015年不变价美元）"计算得出。

上述情况表明，虽然发达国家与发展中国家之间差距在减小，世界经济呈现多极化趋势，但是发达国家之间、发展中国家之间经济发展仍然存在严重的不平衡，这就容易引发贸易保护。在WTO各轮谈判中，关税作为传统贸易保护手段往往成为主要攻击目标而被不断削减，各种配额也逐步受到限制乃至取消，二战后，随着GATT/WTO多轮谈判的开展以及各国急需恢复本国经济，关税水平平稳降低，从战后15%下降至2000年6%左右。

由于关税作用的日渐式微，反倾销自然成为各国相机抉择贸易保护政策的首选。为了限制反倾销被用为贸易保护工具，GATT期望通过制定更高的标准使成员方更难以提出倾销抱怨和证明倾销以及产业损害，因此在乌拉圭回合（1986年9月至1993年12月）谈判中引入了更为详细的反倾销调查程序以减少在反倾销运用过程中确定倾销和产业损害、落日条款的自由裁量权。然而与预期相反，反倾销数量不减反增，对世界贸易阻碍不断深入。表2-1按照每5年一个时间段计算了1980～2000年反倾销调查发起数量及其分布情况，从中不难发现，1980年至1985年共发起930件反倾销，然而在1996～2000年上升至1335件；在1985年之前反倾销调查发起国全部是OECD国家，1985～1990年仅有9.4%的反倾销是由经济合作与发展组织（OECD）之外的国家发起的，而从1991年开始，最为显著的变化是，反倾销发起国身份开始发生变化，1991～1995年反倾销调查中高收入国家发起数量增长了将近6倍，低收入、中低收入以及非OECD高收入国家从无到有也开始实施反倾销。而在这之后的 5 年间，低收入、中低收入国家反倾销调查出现更为迅猛的爆发，分别增长了近 10 倍和 3 倍。相反从 1991 年至 2000 年期间，发达国家虽然仍是反倾销调查发起的主力军，但是其绝对数量较之于 80 年代并没有出现大幅的变化。

表 2-1　　　反倾销调查发起数量及分布情况（1980~2000 年）

国家或地区	反倾销调查发起次数			
	1980~1985 年	1986~1990 年	1991~1995 年	1996~2000 年
低收入国家	0	0	21 (1.7)	209 (15.6)
中低收入国家	0	0	66 (5.3)	213 (15.9)
中高收入国家	0	63 (9.4)	369 (29.7)	345 (25.8)
OECD	930 (100.0)	605 (90.6)	774 (62.4)	550 (41.2)
非 OECD 发达国家	0	0	10 (0.8)	18 (1.3)
全部	930 (100.0)	668 (100.0)	1240 (100.0)	1335 (100.0)

资料来源：Aradhna aggarwal. Macroeconomic determinants of antidumping: a comparative analysis of developed and developing countries [J]. World development, 2004, vol. 32, no. 6, pp. 1043-1057.

综上所述，随着世界经济多极化趋势的不断深化，发达国家之间、发展中国家之间以及发达国家和发展中国家之间经济竞争日趋激烈，在国际市场上也就表现为贸易份额出现此消彼长的变化，从历史经验看这必然会引发贸易摩擦进而导致贸易保护，但是随着 WTO 多轮谈判的开展，关税等传统贸易保护手段日趋渐微，反倾销由于其合法性和好用性逐渐由维护贸易公平措施变成各国政府相机抉择的贸易保护工具。

二、反倾销成因

通过上述反倾销背景分析，本书发现发起国经济衰退、贸易赤字、失业上升和本国货币贬值往往成为发起国发起反倾销的动因，具体来说：

（一）经济波动

无论是进口国还是出口国经济波动都会影响反倾销决定。从进口国方面分析，经济衰退带来国内需求下降，国内厂商利润下降，来自国外进口竞争的压力加剧厂商经营状况恶化，从而倾向于利用反倾销寻求保护，而厂商经营状况恶化使进口国政府更容易确认存在实质性损害。此外，进口国经济低迷，市场萎缩还会迫使外国厂商在进口国市场上降低价格，从而增加了价格低于公平价值的概率。从出口国方面分析，出口国经济衰退，为维持企业产出水平而低价销售的可能性增加，这就容易触发价格低于公平价值。马赫（Mah，2000）发现真实 GNP 增长率与最终确定实施反倾销措施的增长率之间存在长期协整关系，并且两者之间具有因果关系。克内特和普鲁萨（Knetter & Prusa，2003）利用 1980～1998 年澳大利亚、加拿大、欧盟、美国反倾销数据研究发现，样本国家实际 GDP 下降 1% 会导致反倾销数量增加 23%。范伯格（Feinberg，2005）使用 1981～1995 年 15 个样本国家的反倾销数据研究后也认为宏观经济状况是美国发起反倾销的重要决定因素，经济衰退期间美国厂商更倾向于利用反倾销保护本国市场。拜克和图林根（Becker & Theuringer，2000）研究指出 1980～1998 年欧盟反倾销和反补贴数量与宏观经济压力密切相关，GDP 增长率越低反倾销发起数量越多。阿加沃尔（Aggarwal，2004）基于中低收入、高收入发展中国家和 OECD、非 OECD 发达国家的研究却表明，在发达国家中产业增长率（宏观经济替代指标）下降 1%，相应地反倾销发起数量增长 6%～7%，然而对发展中国家的验证却不显著。

（二）贸易赤字

从进口国企业角度分析，当进口国进口部门竞争力下降时，国外更为廉价的替代品进口就会增加，进口渗透率增加往往伴随着进口国企业市场份额减少，利润下降，在进口竞争压力下进口国厂商往往诉诸于反倾销寻求保护。因此进口增加导致贸易出现逆差，会增大国内厂商寻求保护的概率。从进口国政府角度分析，当进口国政府观察到由于贸易逆差而产生国际收支失衡从而对本国货币体系稳定性和国际信用危机产生压力时，就更加易于接受本国厂商诉求而对国外厂商提出反倾销调查。反之，如果进口国贸易顺差，则意味着进口国出口部门竞争力增强，会减少贸易保护程度。马赫（Mah，2000）利用协整检验发现贸易差额与反倾销裁定成立增长率之间存在长期协整关系，并且前者与后者具有单向因果关系。阿加沃尔（Aggarwal，2004）研究表明一国反倾销裁定成立的数量与贸易逆差扩大和进口大量增加相关。李和马赫（Lee & Mah，2003）的研究也发现，一国每年反倾销调查的数量与其进口增加从而贸易逆差扩大相关，贸易逆差扩大会强化贸易保护，但是当一国由贸易逆差转向贸易平衡时，反倾销案件的数量会相应降低。贾拉伯等（Jallab et al.，2006）利用1990~2002年欧盟和美国反倾销调查数据也证实了贸易逆差与反倾销之间相关性，他们认为本国进口商品竞争力和进口渗透增强时，厂商会向政府寻求保护，由此反倾销调查就会增多；而进口商品竞争力下降时，反倾销调查趋向减少。谢建国（2006）基于美国对华反倾销实证研究也发现，美国对华贸易状况是中国出口遭遇反倾销指控的重要原因，贸易平衡因素在10%的显著水平上构成了美国对华反倾销立案的原因。于津平和郭晓菁（2011）也表明了贸易收支在影响美国对中国反倾销立案方面具有重要作用，但是这种重要性在加拿大、澳大利亚以及韩国等发达国家却不显著。

（三）就业状况

发起国国内就业不足会从三个方面引发反倾销：首先是工会方面，进口竞争的加剧会导致本国不具有竞争力的企业裁员，为了减少失业，一些国家工会会成为贸易保护的游说团体，所以往往工会入会率越高则贸易保护程度越高（Trefler，1993）；其次是进口国厂商方面，进口国厂商不希望因为进口竞争而迫使企业员工失业，因为员工任职期限越长，则人力资本越高，伴随贸易保护准租金也越高，厂商就会倾向于提起反倾销诉讼，最后是进口国政府方面，当进口国失业率上升时，政府会通过减少劳动密集型产品的进口以促进本国就业，因此相关行业就容易遭到反倾销调查。塔卡斯（Takacs，1981）发现更低的失业率往往伴随着更少的例外条款。欧文（Irwin，2004）研究表明美国反倾销调查发起与失业率正相关。拜克和图林根（Becker & Theuringer，2000）发现欧盟失业率越高反倾销调查数量越多。李和马赫（Lee & Mah，2003）、马赫（Mah，2006）则发现失业率上升会增加美国国际贸易委员会产业损害认定的概率，从而增加反倾销被最终裁定的概率。

（四）进口国汇率

进口国货币贬值，意味着以本币表示的进口商品价格上升，这势必导致国外厂商在进口国市场上竞争力下降，减少进口企业产生实质性损害的可能性。为了维持市场份额不变，国外厂商常常采取降低以本币表示的价格方法保持竞争力，这样无疑会增加以低于公平市场价值的"实质性倾销"

的可能性。汇率对进口国政府反倾销的认定取决于损害和倾销哪个更重要。范伯格（Feinberg，1989）认为美元贬值会更容易发现日本、巴西、墨西哥和韩国厂商以低于公平价值进行销售从而增加反倾销认定概率。莱迪（Leidy，1997）发现如果排除钢铁行业反倾销，真实汇率与反倾销调查显著正相关。克内特和普鲁萨（Knetter & Prusa，2003）遵循莱迪（Leidy）的思路研究后同样发现汇率与反倾销具有相关性。范伯格（Feinberg，2005）也发现二者之间存在正相关性，并且随时间而增强。

第二节　反倾销特征描述

一、反倾销特征

（一）反倾销具有反经济周期性

反倾销实施力度往往与世界经济周期呈反方向波动，图 2 - 4 展示了世界经济增长率与反倾销调查发起和立案次数波动趋势。从中可以发现，当世界经济增速从 1996 年 3.3% 下滑至 1998 年的 2.3% 时，反倾销调查发起与立案次数也分别从 226 次和 92 次增加至 266 次和 181 次，并且立案率（反倾销立案次数/反倾销调查发起次数）也从 1996 年的 40.7% 增加到 1998 年的 68.1%。而当 2000 年世界经济增速达到 4.2% 时，尽管反倾销立案次数仍然高企，但当年反倾销调查次数出现明显下降。2001 年世界经济增速出现剧烈下降仅为 1.7%，反倾销调查次数较 2000 年显著上升。此后从 2002~2007 年随着世界经济的恢复性增长，反倾销调查发起次数和立案次数逐年下降，分别从 315 次和 218 次下降至 165 次和 108 次。2008~2009 年由于美国次贷危机引发世界性经济危机，世界经济增速剧烈下滑并出现负增长（2009 年世界经济增速为 - 2.2%），同期各国反倾销调查发起和立案次数也开始快速增加，2008 年分别为 213 次和 139 次，2009 年分别为 209 次和 141 次。在各国宽松货币政策和财政政策刺激下，世界性经济危机开始缓解，随着 2010~2011 年世界经济的复苏，各国反倾销调查发起和立案也开始减少。2020 年新冠肺炎疫情的出现和蔓延再次令世界经济陷入低谷，与此同时贸易保护主义喧嚣尘上，反倾销发起次数再次出现小高峰。

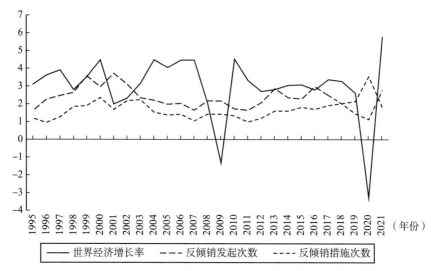

图 2 – 4 1995～2021 年世界经济增长率以及反倾销调查发起和立案次数

资料来源：反倾销发起及立案次数来源于 WTO 反倾销数据库；世界经济增长率来源于世界银行数据。

（二）反倾销措施与关税具有同周期性和替代性

反倾销和关税均是贸易保护的一种手段，关税作为传统贸易保护手段往往成为 WTO 谈判首要攻击目标而被降低，但是反倾销由于其合法性却大行其道，两者之间存在同周期性和替代性。

图 2 – 5 描述了二者之间同周期性关系。考虑到 WTO 成员之间最惠国待遇普遍性，笔者以世界最惠国加权平均税率替代关税水平。1997 年以来，世界关税水平从 6.6% 下降至 2010 年 2.8%，而反倾销调查发起次数也从 1997 年 246 次下降至 2010 年 171 次。此外，当 1999 年、2001 年关税水平略有升高至 5.9% 和 5.8% 时，反倾销也随之达到两个峰值 358 次和 372 次，而当 2007 年关税水平处于低位（4.1%）时，反倾销也达到最低值 165 次。2008 年金融危机的爆发使得世界各国经济增长出现动荡，贸易保护势头开始增强，相应的世界平均关税上升至 4.4%，反倾销也亦步亦趋开始上升至 218 次。从 2008～2017 年世界经济增长一直处于低迷状态，供应链去全球化加剧，从图 2 – 5 也可以发现，世界平均关税基本保持在 4% 的水平，不再像 2008 年之前呈现单边递减的走势，与此相对应的是反倾销发起的次数始终保持在 200 次以上的高位。由此可以判断，反倾销不是对关税的替代，而是作为一种新的贸易保护手段对传统贸易保护手段的一种补充并且具有同周期性。

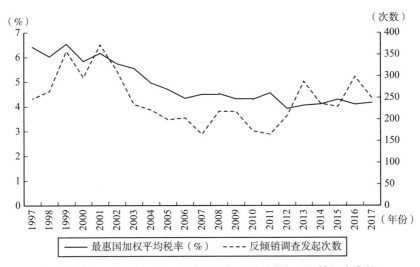

图 2 - 5 1997 ~ 2017 世界最惠国加权平均税率与反倾销调查次数
资料来源：反倾销发起次数来源于 WTO 反倾销数据库。最惠国加权税率来源于世界银行数据库。

从长期来看，反倾销与关税之间存在替代性。如图 2 - 6 所示，自从反倾销正式登上历史舞台以来，反倾销申请数量不断上升，而与此同时关税却一路走低。特别是二战结束以来，关税水平从战后 15% 下降至 2000 年6% 左右，下降一半以上；而同期反倾销数量从 1958 年仅有 37 项增加至 90年代共有 2575 项，增长近 70 倍。因此可以发现，反倾销与关税二者之间具有相互替代，此消彼长特点。

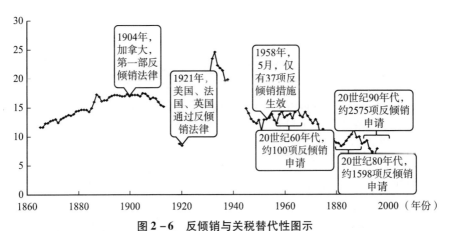

图 2 - 6 反倾销与关税替代性图示
资料来源：笔者整理所得。

（三）反倾销对世界贸易渗透性开始增强

反倾销从最初限制不公平贸易发展至今已经演变成为贸易保护手段，并且随着世界贸易的增长而渗透到贸易的各个领域。

首先是使用频率高，阿加沃尔（Aggarwal，2004）统计发现，1995～2000 年在所有 GATT 批准使用的贸易保护措施中，反倾销的使用占到89.1%，反补贴占到 7.1%，特别保障措施仅占 3.8%。

其次是反倾销发起国出现泛化。1980 年仅有美国、加拿大、欧共体和澳大利亚四个国家和地区实施过反倾销调查，1990 年有 10 个国家地区，2000 年有 38 个国家地区，而截至 2021 年已经有 65 个国家地区实施过反倾销调查。从 1995 年到 2021 年，各成员方向 WTO 共报告了 6489 次反倾销调查。笔者将 1995～2021 年反倾销调查发起数量前 20 名进行了比较（见图2－7），发现印度发起反倾销调查数量最多，累计达 1100 次，而美国、欧盟分别为 841 和 544 次。此外在这 20 国中，发展中国家有 15 个，而发达国家只有 5 个。这充分说明，发展中国家正在成为反倾销措施使用的主力军，并有日益增多之势，而发达国家则略有颓势。

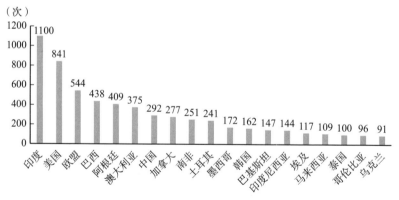

图 2－7　1995～2021 年反倾销调查发起数量前 20 位国家
资料来源：笔者根据 WTO 反倾销数据库相关数据整理所得。

再次，反倾销涉及产业范围广。反倾销涉及的产业涵盖了除军火、武器及其零部件、艺术品、收藏品、古董之外的所有产业。其中，贱金属及其制品遭受反倾销最多（见图 2－8），高达 2053 件，占全部反倾销数量近 1/3；其次是化学产品或合成工业产品，多达 1287 件，占到 1/5 之多；第三是塑料、橡胶及其制品，达到 854 件，占到 13%。

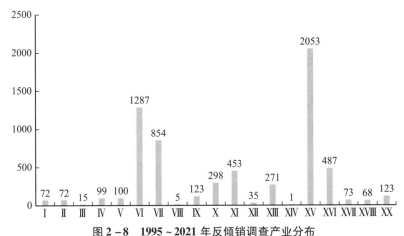

图 2 - 8 1995～2021 年反倾销调查产业分布

注：图中行业分类为：Ⅰ为活动物，动物产品；Ⅱ为蔬菜产品；Ⅲ为动物或蔬菜脂肪和油脂，可食用油脂，动物或植物蜡；Ⅳ为饮料、酒精和醋，烟草制品；Ⅴ为矿产品；Ⅵ为化工及合成制品；Ⅶ为塑料及橡胶制品；Ⅷ为生皮和毛皮、皮革制品，马鞍和马具，旅行产品、手包和相似容纳产品；Ⅸ为木头及木制品，木炭，软木制品，稻草制品；Ⅹ为纸浆、纸或纸板；Ⅺ为纺织产品；Ⅻ为鞋、帽子、雨伞、太阳伞、手杖、鞭子、短马鞭，加工的羽毛、人造花、人类头发制品；ⅩⅢ为陶瓷石料，石膏，水泥，石棉，云母或类似材料的制品，玻璃及玻璃制品；ⅩⅣ为天然或养殖珍珠，宝石或半宝石，贵金属，金属包贵金属的金属及其制品，仿首饰，硬币及其制品，仿首饰，硬币；ⅩⅤ为贱金属及其制品；ⅩⅥ为机器，机械器具，电气设备及其零件，录音机及放声机，电视图像，声音记录器和重放设备及其零件和附件；ⅩⅦ为车辆，航空器，船舶及有关运输设备；ⅩⅧ为光学，照相，电影，计量，检查，精密，医疗或外科用仪器及器具，钟表，乐器仪器，及其零件与附件；ⅩⅨ为武器和弹药及其零件与附件；ⅩⅩ为杂项制品；ⅩⅪ为艺术珍藏品及古董。

资料来源：笔者根据 WTO 反倾销数据库相关数据整理所得。

二、中国遭遇反倾销特征 *

中国国内经济正值升级转型，出口竞争由市场份额向核心技术延伸，而世界经济发展不确定性增加导致美国等发达国家产业政策回归，全球制造业的竞争加剧，发达国家对中国打压增多；新兴市场国家的经济增速放缓并通货膨胀严重，商品结构的相似性加剧了与中国的竞争。在此背景下，贸易形势日趋严峻，世界各国对华反倾销日益加剧，有必要深入研究其特点以应对不断升温的反倾销。

（一）中国正在遭遇与贸易地位不对称却在不断加剧的反倾销

中国已经成为世界反倾销调查及被仲裁征税的主要目标国。1995～2021 年中国累计遭遇反倾销调查 1526 件，约占世界的 23.5%，最终被实施的为

———————

* 由于我国香港、澳门、台湾地区的贸易特殊性，本处讨论内容不包含此三个地区。

1135 件，约占世界的 26.1%。

表 2-2、表 2-3 分别展示了 1995~2021 年遭遇反倾销调查和终裁征税主要国家。从中可以发现，无论是反倾销调查还是被征税数量，中国均位居世界首位并且数量及比重逐年递增。中国制成品出口增加显然是造成贸易摩擦加剧，反倾销数量上升的重要原因。本书注意到中国制成品出口额从 1995 年 452 亿美元上升至 2021 年 13620 亿美元，与贸易规模不断扩大相伴而生的是反倾销调查和征税数量从 1995 年 20 和 26 件上升至 2021 年的 45 和 65 件。

表 2-2   1995~2021 年遭遇反倾销调查主要国家（地区）及占全部反倾销发起数量比重

年份	国家或地区					
1995	中国	韩国	美国	泰国	巴西	印度尼西亚
	20 (12.74)	14 (8.92)	12 (7.64)	8 (5.10)	8 (5.10)	7 (4.46)
2000	中国	韩国	印度尼西亚	美国	日本	泰国
	44 (14.77)	23 (7.72)	13 (4.36)	13 (4.36)	12 (4.03)	12 (4.03)
2005	中国	印度	印度尼西亚	马来西亚	泰国	韩国
	56 (27.86)	14 (6.97)	14 (6.97)	14 (6.97)	13 (6.47)	12 (5.97)
2010	中国	美国	韩国	欧盟	泰国	日本
	43 (27.74)	19 (12.26)	9 (5.81)	9 (5.81)	5 (3.23)	5 (3.23)
2015	中国	韩国	印度	越南	日本	巴西
	70 (30.57)	117 (7.42)	13 (5.68)	12 (5.24)	8 (3.49)	7 (3.06)
2021	中国	韩国	俄罗斯	印度	越南	土耳其
	45 (24.72)	12 (6.59)	10 (5.49)	8 (4.40)	8 (4.40)	6 (3.30)

注：括号内数字为比重，单位：%。

资料来源：笔者根据 WTO 反倾销数据库相关数据整理所得。

表 2 – 3 　　　　　　　1995～2021 年反倾销被终裁征税主要国家及

占全部反倾销仲裁征税比重

年份	国家或地区					
1995	中国	巴西	俄罗斯	美国	日本	泰国
	26 (21.85)	9 (7.56)	8 (6.72)	8 (6.72)	5 (4.20)	5 (4.20)
2000	中国	韩国	日本	美国	泰国	印度尼西亚
	30 (12.66)	23 (9.70)	22 (9.28)	13 (5.49)	12 (5.06)	11 (4.64)
2005	中国	美国	韩国	日本	印度尼西亚	泰国
	42 (30.43)	13 (9.42)	8 (5.80)	7 (5.07)	7 (5.07)	6 (4.35)
2010	中国	印度尼西亚	泰国	美国	欧盟	韩国
	53 (43.09)	8 (6.50)	7 (5.69)	7 (5.69)	4 (3.25)	3 (2.44)
2015	中国	韩国	泰国	印度	美国	德国
	61 (33.51)	13 (7.14)	9 (6.04)	7 (3.85)	7 (3.85)	7 (3.85)
2021	中国	英国	马来西亚	韩国	印度尼西亚	越南
	65 (23.38)	35 (12.58)	15 (5.40)	14 (5.04)	13 (4.68)	11 (3.96)

注：括号内数字为比重，单位：%。
资料来源：笔者根据 WTO 反倾销数据库相关数据整理所得。

尽管中国成为反倾销调查和征税的重灾区，但其发展态势与中国制成品出口地位却不对称。对华反倾销调查和征税数量占比从 1995 年 12.74% 和 21.85% 一度增加到 2010 年 27.4% 和 43.09%，此后尽管二者渐渐回落，但在 2021 年中国依旧是世界上首要的反倾销调查和征税的对象国。然而从图 2 – 9 还可以发现，尽管中国制成品出口占世界制成品出口的比重从 1995 年 3.21% 上升至 2021 年的 19.51%，但该比重要远远小于对中国反倾销调查和征税的比重，也就是说中国遭遇了与其制成品出口不相称的反倾销调查和征税。

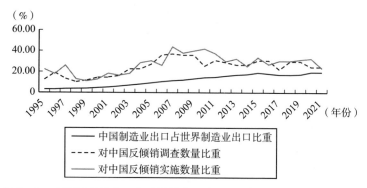

图 2 - 9　中国制成品出口占世界制造业比重及对中国反倾销调查与实施

注：制成品包括 SITC 分类编码 5 ~ 8 大类产品，但是不包括 667、68 类产品。
资料来源：笔者根据 UNCAD 国际贸易数据库相关数据整理所得。

（二）反倾销对中国出口具有持续性损害

反倾销对中国出口贸易的损害具有持久性，反倾销一旦立案，发起国往往征收高额反倾销税，并且制裁期限便长达 5 年之久。反倾销税的征收会增大中国企业出口成本，削弱企业出口竞争力，企业被迫使退出或减少在发起国市场的销售。反倾销期满发起国会实施日落复审（sunset reviews）以评判企业是否仍然存在以低于公平价格销售，并对本国企业产生实质性损害的倾销行为，若复审裁定倾销及损害继续存在或再度发生则将继续实施为期 5 年的反倾销措施。根据美国国际贸易委员会网站 5 年日落评审数据库发现中国出口美国的氯化钡、碳钢焊接钢管、三氯硝基甲烷、铁铸件、石蜡蜡烛、搪瓷厨具、高锰酸钾产品已经连续 4 次被裁定倾销，被排除发起国市场达 20 年之久。笔者将 1995 ~ 2021 年对中国反倾销从立案到撤销平均持续时间进行统计后发现（见表 2 - 4），中国遭遇反倾销平均持续时间最长的是墨西哥，长达 12.3 年，该国对中国共计发起 63 次反倾销；而持续时间最短的国家分别是马来西亚和日本，时间为 1 年左右。对华反倾销数量较多的国家如：印度发起 268 次调查，平均持续时间有 5 年；美国，欧盟、阿根廷分别为 187 次、147 次、131 次，平均持续时间分别为：7.1 次、6.4 次、2.3 年。各国平均来看，对中国反倾销持续时间在 6 ~ 7 年。从中还可以发现，亚洲国家对中国反倾销持续时间通常都比较短并且低于平均值，而欧洲、北美洲、南美洲国家持续时间都较长并且高于平均值。

表 2 - 4　　　　1995～2021 年对中国反倾销从立案到撤销平均持续时间

国家	平均年限	总次数	国家	平均年限	总次数
以色列	2.1	7	巴西	7.4	0.3
阿根廷	2.3	131	土耳其	7.3	84
印度	5.1	268	委内瑞拉	7.5	9
马来西亚	1.2	17	南非	8.1	43
日本	1.1	7	秘鲁	8.2	27
韩国	5.2	38	加拿大	9.2	46
澳大利亚	5.8	64	新西兰	11.1	12
印度尼西亚	6.1	32	墨西哥	12.3	63
菲律宾	6.2	3	哥伦比亚	3.3	56
欧盟	6.4	147	巴基斯坦	2.2	30
美国	7.1	187	泰国	2.1	29
全部国家平均年限			7.1		

资料来源：笔者根据世界银行临时性贸易壁垒数据库含全球反倾销数据库相关数据整理所得。

（三）中国正在遭遇歧视性反倾销

全球 1/5 反倾销是针对中国发起的，并且中国也是大部分国家主要的反倾销调查对象。从对华发起反倾销最多的前 20 个国家来看（见图 2 - 10），哥伦比亚对华反倾销调查和征税比重分别高达 58% 和 63%，俄罗斯、墨西哥、土耳其、秘鲁、阿根廷六国的反倾销调查与征税比重均超过 30%，而对华反倾销调查和征税主要国家如印度、欧盟、美国对华反倾销发起和征税均超过 20%。与上述国家倾销调查位居第二位国家对比来看（见表 2 - 5），首先与中国是各国一致的首要反倾销调查对象国不同，第一位对象国是分散的（除韩国外）；其次，第二位对象国调查数量占比明显下降，比如印度、欧盟、美国第二位对象国分别为韩国、日本、印度，而比重分别仅有 7.4%、7.2%、7.5%，均占对中国比重的约 1/3。

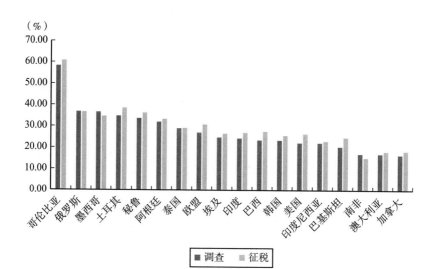

图 2 - 10　1995 ~ 2021 年部分国家对华反倾销调查及征税

资料来源：笔者根据 WTO 反倾销数据库相关数据整理所得。

表 2 - 5　　　　　　　　　各国反倾销调查前两名国家及占比

名次	哥伦比亚	土耳其	印度	美国	欧盟	阿根廷
第一	中国 （48.1）	中国 （39.1）	中国 （22.4）	中国 （23.3）	中国 （24.5）	中国 （29.5）
第二	韩国 （13）	泰国 （7.4）	韩国 （7.4）	日本 （7.2）	印度 （7.5）	巴西 （17）

注：括号内数字为比重，单位：%。

资料来源：笔者根据 WTO 反倾销数据库相关数据整理所得。

　　从征税比重来看（见图 2 - 11）。笔者以对中国征税数量/调查数量衡量征税比重发现，各国对中国发起反倾销调查并最终确认存在倾销行为而征税的比重也居高不下。除了哥伦比亚、南非、澳大利亚、印度尼西亚最终征收反倾销税的比重稍低外，其余国家均超过 70%，其中土耳其、俄罗斯、美国、墨西哥、巴基斯坦最终征收反倾销税的比重更是超过 80%。此外各国最终裁定的反倾销税率也要高于平均水平，如美国对中国的反倾销税率几乎是平均水平的 2 倍。

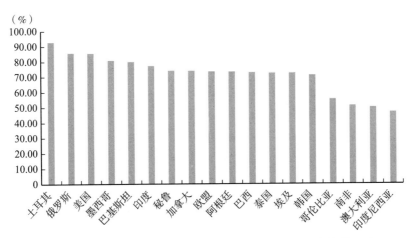

图 2 – 11 1995～2021 年部分国家对华反倾销征税占发起数量比重

资料来源：笔者根据 WTO 反倾销数据库相关数据整理所得。

综上所述，正如鲍晓华（2011）所指，发达国家和发展中国家针对中国出口的反倾销均具有相当的主观任意性和歧视性。中国遭遇反倾销与我国反倾销立法以及 WTO 进入较晚有关，因为非 WTO 成员更容易遭遇任意的反倾销。并且在中国加入 WTO 以后，以美国为代表的欧美国家将中国视为"非市场经济国家"，在反倾销调查及立案方面选择与中国大相径庭的国家作为替代国，严重扭曲了损害程度的认定，极易导致反倾销裁定成立。

（四）对华反倾销产品多集中于"资本密集型——中等技术含量"产品

中国正在从全球价值链低端向高端攀升，出口商品结构也从以劳动密集型产品为主向资本、技术密集型产品转变，在此背景下，对华反倾销产品分布呈现出新的特点。

图 2 – 12 显示了 1995～2021 年对华反倾销产品分布，本书可以发现对华反倾销调查发起次数最多的产业主要集中在贱金属及其制品（XV）、化学及合成制品（VI）、机器，机械器具，电气设备及其零件；录音机及放声机，电视图像，声音记录器和重放设备及其零件和附件（XVI）、纺织产品（XI）、塑料及橡胶产品（VII），其他如陶瓷石料，石膏，水泥，石棉，云母或类似材料的制品；玻璃及玻璃制品（XIII）、杂项制品（XX）、纸浆、纸或纸板（X）、车辆，航空器，船舶及有关运输设备（XVII）、鞋、帽子、

雨伞、太阳伞、手杖；鞭子、短马鞭；加工的羽毛、人造花、人类头发制品（XII）等遭遇的反倾销程度要稍微小一些。对华反倾销最终征税的产品分布与反倾销调查接近，其中仅有杂项制品（XX）和鞋帽等产品（XII）稍有不同。

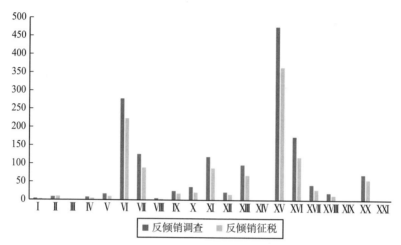

图 2 – 12   1995 ~ 2021 年对华反倾销产业分布

资料来源：笔者根据 WTO 反倾销数据库相关数据整理所得。

本书进一步具体到国家层面分析对华反倾销产品分布结构（见表 2 – 6）。在发达国家中，美国、欧盟、澳大利亚、加拿大对中国反倾销产品主要以贱金属及其制品、化学及合成制品、机器设备为主。而在发展中国家中，贱金属仍然是墨西哥、南非、阿根廷、巴西、土耳其主要对华反倾销调查产业，除此以外，阿根廷、巴西、土耳其对华反倾销产业分布较集中行业还分别有机器设备、杂项制品、纺织产品，印度对华反倾销则主要以化学及合成制品和机器设备为主。

表 2 – 6   **1995 ~ 2021 年主要国家对华反倾销行业分布**

国家	数据					
美国	行业分布	XV	VI	XVI	X	VII
	反倾销调查次数	34	23	7	7	6
欧盟	行业分布	XV	VI	XVI	XI	VII	XVII
	反倾销调查次数	25	21	10	5	5	5

国家	数据					
澳大利亚	行业分布	XV	VI	XIII	VII	X	IV
	反倾销调查次数	7	7	4	2	2	2
加拿大	行业分布	XV	XII	XIII	II	IX	
	反倾销调查次数	14	3	2	2	2	
印度	行业分布	VI	XVI	XI	VII	XV	
	反倾销调查次数	67	19	10	9	8	
阿根廷	行业分布	XVI	XV	XX	VI	XVIII	
	反倾销调查次数	20	16	7	6	4	
巴西	行业分布	XX	XV	VI	VII	XI	
	反倾销调查次数	7	5	5	5	5	
墨西哥	行业分布	XV	XX	VI	XVI		
	反倾销调查次数	12	4	2	2		
土耳其	行业分布	XI	XV	VII	XX	XVI	
	反倾销调查次数	17	16	9	8	4	
南非	行业分布	XV	XIII	VII	VI	XI	
	反倾销调查次数	11	7	6	4	4	

注：括号内数字为反倾销调查发起次数。

资料来源：笔者根据世界银行临时性贸易壁垒数据库含全球反倾销数据库相关数据整理所得。

为了能够充分挖掘行业分布特点，本书利用拉奥（Lall，2001）技术含量分类标准和资源集约度产业分类方法对上述行业进行了分类，结果如表 2 -7 所示。

表 2 -7　拉奥（2001）技术含量分类标准和资源集约度产业分类结果

产业	资源密集度产业分类	拉奥（2001）技术含量分类标准
II	资源密集型	初级制成品
V	资源密集型	初级制成品
VI	资本密集型	中等技术含量
VII	劳动密集型	资源型制成品
IX	资源密集型	低科技含量

续表

产业	资源密集度产业分类	拉奥（2001）技术含量分类标准
X	劳动密集型	低科技含量
XI	劳动密集型	低科技含量
XII	劳动密集型	低科技含量
XIII	劳动密集型	资源型制成品
XV	资本密集型	中等技术含量
XVI	资本密集型	中等技术含量
XVII	资本密集型	中等技术含量
XVIII	资本密集型	高科技含量

结合前文论述，本书可以发现无论是发达国家还是发展中国家对华反倾销主要行业特征是"资本密集型——中等技术含量"。在资本密集型行业中，贱金属及其制品、化学机合成工业制品、机械设备及电子设备遭遇反倾销调查最为频繁。在劳动密集型行业中，低技术含量产品——纺织品反倾销主要以发展中国家为主，如土耳其、印度、巴西，欧盟尽管也频繁对中国纺织品实施反倾销，但是在其全部反倾销调查中仅有 5 次，占比为 5.6%。资源型产品——塑料及橡胶制品发达国家和发展中国家均有涉及。

（五）对华反倾销产品以中间产品为主

当今国际分工已经从产业间分工转变至产品内分工，每个国家按照要素禀赋参与国际分工环节，发达国家由于技术优势往往处于价值链高端主要从事产品研发、设计或者销售，而广大发展中国家处于价值链低端主要从事产品加工。改革开放以来，中国融入国际分工的程度在不断加深，徐康宁和王剑（2006）一项统计表明，在当今世界国际零部件贸易的地区格局中，中国零部件的贸易总额从 1995 年的 271 亿美元，占世界零部件贸易总额的 1.7%，排名 17 位，跃升至 2021 年的 12986 亿美元，占世界比重为 14.5%，排名第 2 位。

随着中国贸易额的不断扩大，对华反倾销也随之加剧，因此本书不禁会问对华反倾销产品在国际分工中处于哪个环节？

根据莱莫尼和科森尼（Lemonie & Kesenci，2002）的贸易品所属生产阶段的划分方法，属于 BEC 代码为 42 和 53 的贸易品为零部件产品，属于 BEC 代码为 41、61、62、63 的贸易品为最终产品，代码为 22 的贸易品为无法确切识别的工业用品（Industrial supplies not elsewhere specified）。而 WTO 反倾销数据库所公布的反倾销产品是按照 HS2007 进行分类的，因此要判别对华反倾销品究竟属于国际分工的那个环节，必须要从 HS2007 转换为 BEC。基于此本书根据联合国出版的"BEC 分类"对 WTO 反倾销数据库产品进行归类。样本国本书选取发达国家的美国和发展中国家中的印度进行比较。之所以选取这两个国家是因为美国和印度对中国反倾销调查和征税最为频繁。由于 WTO 数据库反倾销产品内按照 HS2007 分类最早始于 2009 年，因此本书的归类期间选取 2009～2012 年。表 2-8 展示了美国和印度对华反倾销产品归类的结果。

表 2-8　　　　　2009～2012 年美国、印度对华反倾销调查贸易品格局

国家	项目	2009 年	2010 年	2011 年	2012 年
美国	中间产品		42 (1)	53 (1)	
	最终产品	62 (1)	62 (1)	41 (1)	
	无法识别产品	22 (9)	22 (1)	22 (2)	22 (2)
印度	中间产品	41 (2)	42 (1)	42 (1)	42 (1)
	最终产品		62 (1)		
	无法识别产品	22 (8)	22 (12)	22 (1)	22 (2)

注：括号内数字为对中国该类商品反倾销调查次数。
资料来源：笔者根据 WTO 反倾销数据库相关数据整理所得。

2009～2012 年，美国对中国中间产品反倾销调查有 2 次，最终产品有 4 次，其余 14 次为无法确切识别的贸易品；而印度对中国中间产品反倾销调查有 5 次，最终只有 1 次，其余 23 次为无法确切识别的贸易品。从国际分工角度来分析，美国和中国之间属于垂直分工格局，美国国内跨国公司将零部件运往中国进行组装然后重新运送回美国进行销售，中国处于加工环节。从经济学角度来分析，对中国中间产品实施反倾销，会抬高中间品国内价格，从而增加下游最终产品生产成本，导致最终产品价格上升。作为美国政府来讲，当然不希望对中间品征收反倾销税抬高本国最终产品的价

格，导致消费者福利损失，所以在对中国实施反倾销措施时，更多偏向最终产品。而印度则不然，印度和中国同属于发展中国家，不仅在欧美等发达国家市场上具有竞争关系，而且在彼此市场上也存在竞争，均希望通过发挥本国要素禀赋优势开展加工贸易融入全球价值链，因此要素禀赋、发展战略的相似造成了印度始终把中国作为竞争对手，印度政府自然不希望本国可以融入全球价值链的中间品生产受到中国更为廉价的产品的冲击，在实施反倾销时更多地把阻碍本国要素禀赋优势发挥的中国出口的中间品作为目标，而最终产品反而不加以保护。

第三节　反倾销诱发中国资本流动事实描述

一、中国对外直接投资动因

（一）中国企业对外直接投资战略意义

作为一个发展中国家，中国企业对外直接投资近些年来出现了迅速增长的态势。根据中国对外直接投资公报数据可计算出，改革开放以来，中国对外投资流量增长了3000多倍，占世界对外直接投资流量从不足1%上升到1/5。中国对外直接投资存量占世界投资存量的比重则从不足1%上升至6.6%。通过对外直接投资"走出去"作为中国企业参与全球分工化的拓展，具有重要的战略意义。

"走出去"可以分为商品"走出去"和要素"走出去"，即出口贸易和对外直接投资，走出去实质上也是企业国际化程度不断加深的过程。中国企业通过"走出去"，可以在全球范围内实现要素的最优配置，出口贸易的开展可以间接实现本国丰裕要素的全球配置，而对外直接投资活动的开展可以更直接地实现国内和国际要素的优化配置。通过"走出去"，可以获得封闭条件下难以获得的技术资源，实现本国技术升级，还可以获得国内经济发展所必须地各种自然资源如：石油、铁矿石等。

从广义上讲，"走出去"战略是指产品、服务、技术、劳动力、管理及企业本身走向国际市场开展竞争与合作的战略取向；狭义的"走出去"战略，是指企业到国外投资，设立生产经营机构，向境外延伸研发、生产和营销能力，在更多的国家和地区合理配置资源的发展战略。

中国企业通过对外直接投资"走出去"有助于实现生产要素跨界流动，在全球范围内实现资源优化配置，不断提升企业的国际经营能力、跨国资源整合能力、研发生产能力，实现母国产业结构不断优化，提高经济增长质量。

（二）中国企业对外直接投资动因考察

（1）开拓国际市场。出口贸易虽然也具有同样的功能，但是这种"走出去"的形式往往受制于运输成本、贸易壁垒等隐性的贸易成本的存在。此外，"加工—出口"这种形式的"走出去"往往会使出口国仅仅获得少许的加工费，并且还容易受到非关税壁垒的限制和进口国经济形势的影响，不利于出口国企业持续性开拓国际市场。反之，对外直接投资形式的"走出去"方便企业近距离接触发起国消费者，及时地获取发起国市场变化的信息，调整国内企业生产经营策略，还有利于企业在发起国市场打造自己的品牌。

（2）获取知识资产。企业发展最重要的是要具备物质资产以及技术、商标等知识资产竞争优势，随着企业间竞争的加剧，物质资产的重要性在下降，而知识资产成为企业重要的竞争优势来源。发展中国家知识资产的获取可以通过外资的进入而产生的技术外溢效应来实现，但是这种获取知识资产的途径受制于外资国企业在本国所投入的技术水平，往往会使得本国企业的技术水平始终落后于外国企业。要实现技术的赶超，除了自主研发外，在技术先进的发起国进行投资，获取国内无法获取的技术资源也是发展中国企业外直接投资的重要内容。

（3）提升企业管理能力。封闭条件下的企业管理仅仅需要考虑针对国内市场的生产和营销，但是在开放条件下企业实现国际化经营，不仅在生产营销方面要综合考虑发起国消费者的偏好，认真研究发起国市场细分，在管理上还要注重公司内部多文化的融合、公司凝聚力的培养以及公司文化的塑造。外直接投资对企业的管理能力提出更高的要求，这就迫使企业通过加强人力资本的培养和引进，完善内部工作流程来实现更高水平的管理。

（4）获取国内稀缺资源。随着一个国家经济不断发展，人均收入的增加，对资源、能源的消耗会与日俱增，任何一个国家资源、能源都是稀缺的，为了保证经济平稳快速发展，对自然资源丰裕国家投资获得国内经济发展所需要的资源也成为中国的重要目的。

（5）获取资金、获取低成本劳动力也是中国企业对外直接投资目的所在。在中国对外开放不断扩大背景下，中国要素禀赋结构正在从丰裕的劳动力、土地资源向丰裕的资本、技术资源转变，劳动力、土地要素成本不断上升，劳动密集型行业的优势正在丧失，并且贸易摩擦的不断加剧进一步削弱了行业的成本优势，中国企业迫使寻求成本更为低廉的国家以保持因成本优势丧失而不断萎缩的市场份额。

综上所述，当前中国企业对外直接投资动机呈现出多样性的特点。来自中国企业家调查系统 2010 年《中国企业战略：现状、问题及建议》的调查报告表明（见表 2 - 9），无论是在发达国家还是在发展中或新兴国家，占领市场是中国企业进入的首要目的；在发达国家成熟市场展开竞争无疑有助于企业提升管理经验与能力，并且通过投资或并购进入发达国家能够获得有一定市场实力企业的品牌和技术，获得技术逆向溢出效应；发展中国家丰富的矿产资源和低廉的劳动力也是中国企业进入该国的重要目的；在中国贸易摩擦日益加剧的背景下，规避贸易壁垒也成为众多企业进入发达或发展中国家的重要目的。

表 2 - 9　　　　企业进入发达国家、发展中国家或新兴国家的目的　　　单位：%

进入发达国家的目的比重		进入发展中国家或新兴国家的目的比重	
占领市场	85.3	占领市场	91.2
提升管理经验与能力	45.5	规避贸易壁垒	19.6
获取品牌	33.3	获取自然资源	9.5
获取技术	23.7	获得低成本劳动力	9.5
获取资金	21.8	其他	4.1
规避贸易壁垒	7.1		

资料来源：2010 年中国企业家调查系统关于《中国企业战略：现状、问题及建议》的调查报告。

基于上述讨论，本书把中国企业对外直接投资动机可以归纳市场寻求型、技术寻求型、资源寻求型和贸易壁垒跨越型。

二、反倾销诱发中国 OFDI 特征描述

如前所述，中国企业进入发达国家、发展中国家或新兴国家一个重要

的目的是规避贸易壁垒，而贸易壁垒一个重要的表现是对华反倾销日趋激烈，反倾销是否会诱发中国企业 OFDI 呢？本书以中国 OFDI 流量、反倾销调查、反倾销征税年增长率为例对此进行描述性分析。

本书首先以发达国家：美国、欧盟、澳大利亚、加拿大为例进行分析。各国图 2 – 13、图 2 – 14 分别显示了美国对中国发起的反倾销调查以及征税和中国对该国 OFDI 流量的年增长率以及调整后的增长率图示。

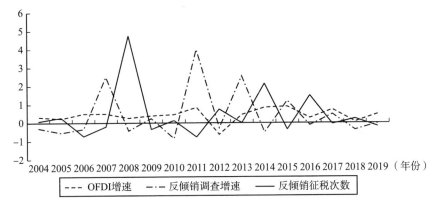

图 2 – 13　美国对华反倾销调查、征税及中国对美国 OFDI 流量年增长率

资料来源：反倾销调查及征税数据来源于 WTO 反倾销数据库，OFDI 数据来源于中国对外直接投资统计公报，年增长率经作者计算所得。

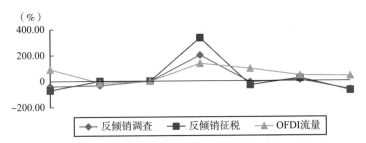

图 2 – 14　美国对中国反倾销调查、征税和滞后一期的中国对美国 OFDI 年增长率

资料来源：反倾销调查及征税数据来源于 WTO 反倾销数据库，OFDI 数据来源于中国对外直接投资统计公报，年增长率经作者计算所得。

从图 2 – 13 中本书可以发现，中国对美国 OFDI 流量年增长率与美国对华反倾销调查和征税年增长率存在一致性，特别是反倾销征税与中国 OFDI 年增长率更为一致，即反倾销征税较多的年份，中国对美国的 OFDI 流量也呈现上升态势。进一步地，考虑到美国对中国反倾销调查需要经历从初裁到终裁等若干月份一系列程序过程，相当数量的反倾销调查往往是在隔年才做出终裁决定的。此外，当美国对中国决定实施反倾销措施后，中国企业出口受阻，但是由于存在沉没成本和风险，中国企业可能不会在当年立即从事投资，因此投资滞后于反倾销税。本书分别将反倾销调查、反倾销征税、滞后一期OFDI 的年增长率展示在图 2 - 14 中发现，三者具有高度的一致性，反倾销调查和征税增长较低的时期，中国对美国的 OFDI 流量增速也较为缓慢，而反倾销调查和征税大幅上涨的时期也是中国对美国 OFDI 投资快速增加的时期。

图 2 - 15 显示出，2004 ～ 2019 年中国对欧盟投资与欧盟对华反倾销调查及征税具有相近的波动性。2004 ～ 2007 年欧盟对中国反倾销调查和征税均呈现缓慢增长，2008 年受金融危机和欧债危机的影响，欧盟对华反倾销调查和征税开始大幅上升，与此同时，中国对欧盟的投资也从2.32 亿美元剧增至31.03 亿美元。金融危机造成欧盟经济衰退，大量具备技术优势的企业资产大幅贬值，欧盟对中国投资者并不持有"抵制"态度，这就为中国企业通过投资或者并购欧洲企业从而合理绕过贸易壁垒提供了机遇，因此在金融危机期间中国对欧盟的投资呈现急剧地上升。2008 ～ 2016 年是欧盟对华反倾销调查及征税次数增加较多的一段时期，这一时期中国对欧盟的投资也呈现出较快的增长。

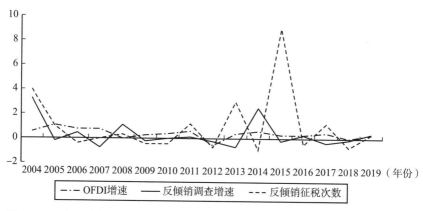

图 2 - 15 欧盟对中国反倾销调查及征税和滞后一期的中国对欧盟 OFDI 年增长率

资料来源：反倾销调查及征税数据来源于 WTO 反倾销数据库，OFDI 数据来源于中国对外直接投资统计公报，年增长率经作者计算所得。

图 2 - 16 显示出 2004 ～ 2019 年加拿大对中国的反倾销调查与征税同样与中国对该国的投资呈现较为一致的关系，2004 ～ 2007 年加拿大对华反倾销调查和征税的年增长率较为缓慢，而同期中国对加拿大的投资也呈现低

速增长，2008 年加拿大对中国反倾销调查和征税年增长率呈现急剧上升，与此同时中国对该国的投资增长率也大幅上升，此后加拿大对中国反倾销调查和征税年增长率回归低速增长，中国对该国的投资年增长率也开始下滑。2008 年之后，加拿大对华反倾销调查及征税的速度仅在 2012 年和 2016 年出现了两次高峰，其他年份较为缓和，相对应地中国对加拿大的投资增速也趋缓。

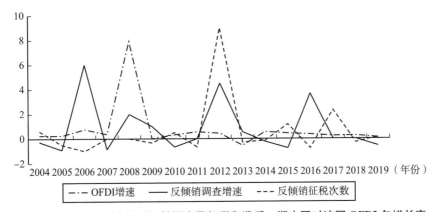

图 2 - 16　加拿大对中国反倾销调查及征税和滞后一期中国对该国 OFDI 年增长率

资料来源：反倾销调查及征税数据来源于 WTO 反倾销数据库，OFDI 数据来源于中国对外直接投资统计公报，年增长率经作者计算所得。

图 2 - 17 分别显示了 2004～2019 年澳大利亚、印度、阿根廷、土耳其四个国家反倾销与中国对该国投资的年增长率之间的关系。从中可以发现土耳其对中国发起的反倾销调查和反倾销征税年增长率与中国对该国 OFDI 年增长率之间存在一致性，2004～2007 年反倾销调查和征税与中国对该国的 OFDI 均为低速增长，2008 年三者均呈现出高速增长态势，2009～2019 年三者增长率又开始逐步下降。图 2 - 17（a）、图 2 - 17（b）中关于澳大利亚和印度的图示则显示出中国对该两国的投资与发起的反倾销调查关联不大，而与反倾销征税的年增长率一致性较强。如澳大利亚在 2005 年反倾销征税的年增长率较高，而滞后一期的中国对该国 OFDI 呈现出高速增长的趋势，此后澳大利亚对华反倾销年增长率开始下降，而中国对该国的 OFDI 年增长率也开始逐年下滑。反观印度，除了 2004 年反倾销征税与中国 OFDI 年增长率不一致外，2004～2019 年二者呈现出高度相关的增长趋势。

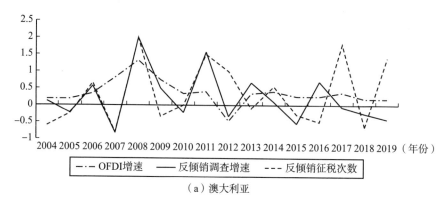

（a）澳大利亚

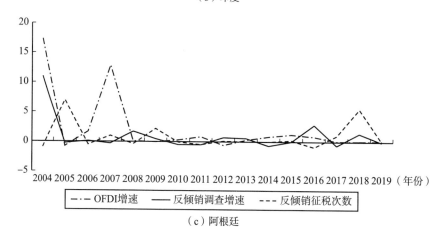

（b）印度

（c）阿根廷

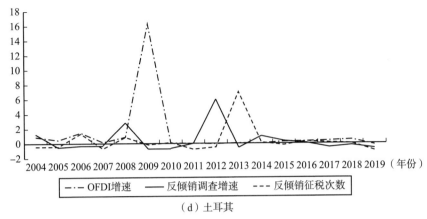

（d）土耳其

图 2-17　其他国家对中国反倾销调查及征税和

滞后一期中国对该国 OFDI 年增长率

资料来源：反倾销调查及征税数据来源于 WTO 反倾销数据库，OFDI 数据来源于中国对外直接投资统计公报，年增长率经作者计算所得。

一个例外是阿根廷，在图 2-17（c）中，阿根廷对中国的反倾销调查和征税与中国对该国的 OFDI 年增长率之间关联性较之前的国家弱化，2007年之前中国对该国的 OFDI 年增长率与该国对华反倾销征税年增长率呈现高度相关，此后二者呈现出背离的趋势，而反倾销调查与中国对该国的 OFDI年增长率关联性更加弱化。

结合上述讨论，本书可以发现，如果不考虑发起国经济衰退、人均真实收入、失业等宏观经济特征的情况下，美国、欧盟、加拿大、土耳其对中国发起的反倾销调查和征税的年增长率与滞后一期的中国 OFDI 流量年增长率具有相关性，澳大利亚、印度对中国反倾销征税年增长率与滞后一期的中国 OFDI 流量年增长率具有相关性，而阿根廷对华反倾销调查和征税与中国对该国 OFDI 相关性则较为弱化。

三、反倾销诱发中国向第三国 OFDI 特征描述——以纺织业为例

（一）中国纺织行业遭遇反倾销现状

中国要素禀赋结构决定了中国出口商品以劳动密集型为主，其中最为典型的产品是纺织品。图 2-18 显示了纺织品在中国出口贸易所占份额的变化，从中不难发现，纺织品出口贸易额在中国出口贸易中所占的比重逐年

下降，但是不可否认的是纺织品仍然是我国重要的出口商品。从 1980 ~ 2021 年，纺织品在中国出口贸易中所占比重从 15% 左右下降至 8% 左右，中国丰裕的劳动力资源形成低廉的劳动力成本形成了纺织品出口竞争优势，纺织品对于中国扩大贸易规模，增加国内就业起到了重要的作用。也正是由于中国纺织品低廉的成本，纺织品成为各个国家对中国实施反倾销的重灾区。

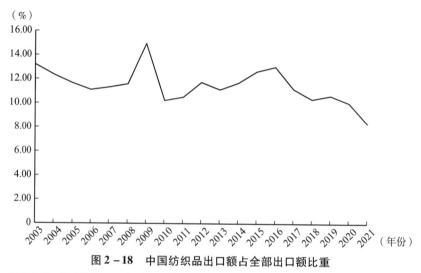

图 2 - 18　中国纺织品出口额占全部出口额比重

资料来源：笔者根据 2021 年《中国统计年鉴》相关数据整理所得。

从反倾销调查及征税来看。根据国际海关理事会制定的 HS 编码，第 50 章至 63 章的产品可归类为纺织品，第 64 章为鞋帽制品。在此分类下，1995 ~ 2021 年纺织品遭遇反倾销调查数量高达 96 次，最终被征税数量高达 78 次，是中国遭遇反倾销的主要产业之一。具体到各个国家来看，对中国纺织品和鞋帽制品实施反倾销的国家分布较为集中，主要有土耳其、印度、欧盟等国家（见表 2 - 10），其中土耳其对中国纺织品反倾销调查次数高达 32 次，印度高达 26 次，欧盟则达到 12 次。总的来看，发展中国家更倾向于对中国纺织品发起反倾销调查，这主要是由于发展中国家与中国具有相似的要素禀赋结构导致出口商品竞争激烈，为保护本国劳动密集型产业的发展，常常利用反倾销贸易保护手段进行保护。

表 2 - 10　　　　1995～2021 年主要国家对华纺织品反倾销调查

产品	欧盟	加拿大	印度	巴西	土耳其	南非
纺织品	12	—	26	11	32	9
鞋帽制品	—	6				

资料来源：数据来源于 WTO 反倾销数据库。

从中国纺织品遭遇反倾销措施损害程度来看。如果中国出口商品被认定存在反倾销，则发起国会通过征收惩罚性反倾销税消除中国商品出口价格与发起国本地价格之间的差距，因此反倾销措施对中国纺织品出口价格及贸易量产生影响。本书分别以印度、土耳其、欧盟为例进行分析，其对中国纺织品实施反倾销的相关情况，如表 2 - 11 所示。

表 2 - 11　　　2009～2011 年印度、土耳其和欧盟对中国纺织品实施反倾销情况

国家	商品	征税日期	税率	占该国同类商品进口比重（%）	占中国同类商品出口比重（%）
印度	黏胶短纤维	2010 年 7 月 26 日	0.103～0.512 美元/千克	5.90	6.39
	玻璃纤维	2011 年 3 月 4 日	CIF 价格 7.46%～ 40.91%	33.70	2.14
土耳其	玻璃纤维	2010 年 12 月 31 日	24.5%～ 53.6%	69.5	2.5
	纺织物浸渍、涂布、覆盖或层压与聚氨酯，人造皮革	2010 年 10 月 31 日	2.15 美元/ 千克	49.2	0.5
欧盟	涤纶纱	2010 年 12 月 1 日	0～9.8%	26.60	36.6

资料来源：世界银行临时性贸易壁垒数据库含全球反倾销数据库，其中占中国同类商品出口比重笔者根据联合国 COMMTRADE 数据库相关数据整理所得。

从表 2 - 12 中，本书发现反倾销无一例外地导致中国纺织品在该国的价格上升，但是对于贸易量却存在相悖的情况。

表 2-12 反倾销税征收对中国出口价格、出口数量的影响

国家	商品	向该国出口价格*（美元/千克）		向世界出口价格**（美元/千克）		向该国出口数量***（吨）	
		征税前	征税后	征税前	征税后	征税前	征税后
印度	黏胶短纤维	2.57	3.01	2.52	2.82	1751	1133
	玻璃纤维	1.28	1.56	1.46	1.60	71115	59147
土耳其	玻璃纤维	1.14	1.19	1.33	1.43	33678	30890
	纺织物浸渍、涂布、覆盖或层压与聚氨酯，人造皮革	4.28	5.41	5.87	7.24	4430	6133
欧盟	涤纶纱	2.11	2.54	1.97	2.44	140093	216430

资料来源：*、***部分为笔者根据 WTO 反倾销数据库相关数据整理所得，**部分为笔者根据联合国 COMMTRADE 数据库相关数据整理所得。

一种情况是，反倾销导致商品出口价格上升，贸易量减少。印度和土耳其对中国玻璃纤维的反倾销导致该产品在两国的价格分别从 1.28 美元/千克上升至 1.56 美元/千克和 1.14 美元/千克上升至 1.19 美元/千克，并伴随着贸易量从 71115 千克下降至 59147 千克和 33678 千克下降至 30890 千克。印度对中国黏胶短纤维的反倾销使该商品价格从 2.57 美元/千克上升至 3.01 美元/千克，贸易量从 1751 千克下降至 1133 千克。

相悖的情况是反倾销导致商品出口价格上升，贸易量却增加。土耳其对中国纺织织物/人造皮革的反倾销导致中国出口价格从 4.28 美元/千克上升至 5.41 美元/千克，贸易量却从 4430 千克增加至 6133 千克。欧盟对中国涤纶纱的反倾销也同样如此，出口价格从 2.11 美元/千克上升至 2.54 美元/千克，而贸易量却从 140093 千克上升至 216430 千克。

反倾销导致价格上升，贸易却相悖的原因可能是：第一，出口商品国际市场价格的上涨速度较快抵消了发起国实施反倾销导致的价格上涨，从而产生价格上涨，贸易量却增加，反之国际市场价格上涨速度较慢无法抵消反倾销导致的价格上涨，就会产生价格上涨，贸易量下降。比如，欧盟对中国涤纶纱反倾销导致出口价格上涨 20%，但是同期国际市场价格却上涨 23%，反倾销实施并没有减少贸易量。反之，如印度黏胶短纤维反倾销促使价格上涨 17%，但是同期国际市场价格仅上涨 11%，反倾销则使贸易量减少了 35%，印度对中国玻璃纤维的反倾销也同样如此。第二，发起国

进口需求对中国依赖性大于中国对该国出口市场依赖的商品，遭受反倾销后中国企业不愿意通过降价以消除反倾销影响保持市场份额，因此贸易量减少，而中国企业对发起国依赖性较大的情况下，一旦遭遇反倾销可能会通过降低价格消除不利影响并可能使得贸易量增加。本书观察到印度和土耳其对中国玻璃纤维进口依赖分别为 33.7% 和 69.4%，而中国对二者出口市场的依赖仅有 2.14% 和 2.5%，玻璃纤维的反倾销致使中国在二者的出口分别下降 16.8% 和 8.3%。相反，欧盟对中国涤纶纱进口依赖为 26.6%，中国对欧盟出口市场依赖为 36.6%，反倾销却使中国对欧盟出口量增加54.5%。第三，中国通过对该国或第三国的投资替代了中国和发起国之间的出口贸易。

（二）反倾销诱发中国纺织行业第三国 OFDI 特征描述

纺织业遭遇反倾销诱发中国企业向第三国投资实际验证的困难在于本书无法辨别第三国究竟为哪些国家，本书只能根据现有的数据资料进行推断。从可以搜集到的资料来看，2008 年由于欧盟、美国、加拿大对中国纺织品的反倾销，红豆集团在柬埔寨新建工厂规避贸易壁垒①，本书可以发现中国为了规避反倾销而从事的纺织业对外直接投资倾向于分布在劳动力成本比中国更低的国家。

纺织工业是我国对外开放和利用外资较早、成效比较显著的行业。在加入 WTO 前就是我国外商投资的重要领域之一，2001～2005 年期间，我国纺织工业合同利用外资总金额达 533 亿美元，年均增长 34.1%，其中 56%的投资用于服装领域。对我国纺织工业提高技术装备水平和产品开发设计能力，加强服装品牌开发意识，推动技术进步和产业结构调整，扩大出口创汇都发挥了重要作用。

2008 年金融危机后，纺织行业企业开始在全球范围内寻求更有效的资源配置，寻求跨国发展，配置跨国产业链和供应链。2010 年以来，我国纺织行业对外直接投资超过 100 亿美元。其中，2016～2020 年行业对外投资总额为 68.6 亿美元，与 2005～2010 年相比增长接近 6 倍，且 70% 以上流向"一带一路"沿线国家和地区。如湄公河流域在要素禀赋、产业层次、出口市场、产品结构等方面与我国纺织行业存在相似性，该地区相对低廉的生

---

① 环境比越南好，柬埔寨成中国纺企新投资乐土 [EB/OL]. [2008 – 06 – 30]. http：//www. coipn. cn/tabid/558/InfoID/18165/frtid/537/Default. aspx.

产要素成本、丰富的劳动力资源和对发达地区出口关税优惠等方面优势成为我国纺织企业开展跨国资源配置的重要区域。2020年纺织行业对湄公河流域投资额约为2.7亿美元,占全年行业对外投资总额比重约为37%。其中,越南依旧是纺织行业的首选投资目的地,对越投资额为1.7亿美元。由此可以发现,越南、柬埔寨、印度尼西亚、老挝劳动力成本低于中国,并且是中国在东盟制造业投资存量最多的国家,而且中国纺织业的投资又是制造业投资最活跃的产业,因此越南、柬埔寨、印度尼西亚、老挝对于寻求低成本劳动力的中国纺织业具有吸引力,更重要的是这些国家因为发展较为落后,在与发达国家的贸易往来中享有种种中国不能享受的优惠,比如美、欧、日等28个国家给予柬埔寨普惠制待遇(GSP);对于从柬埔寨进口的纺织服装产品,美国给予较宽松的配额和减免征收进口关税、欧盟不设限、加拿大给予免征进口关税等优惠措施。

四、反倾销对中国 FDI 影响分析

本书选取纺织原料及纺织制品(以下简称"纺织业")、化学工业及其相关工业的产品(以下简称"化工业")及机器、机械器具、电气设备及其零件;录音机及放声机、电视图像、声音的录制和重放设备及其零件、附件(以下简称"机械装备业")三个行业进行分析。

(一)行业编码转换

本书在整理数据时注意到 FDI 和反倾销在统计时所使用的行业分类标准是不一样的,反倾销是按照 HS 编码分类而 FDI 是按照国民经济行业分类分别进行统计的。为了统一口径,笔者需要将国民经济行业分类转换成 HS 编码。

中国经济信息网(以下简称"中经网")统计数据库共分成24类行业对 FDI 进行了统计,分别是农林牧渔业、采矿业、制造业、纺织业、化学原料及化学制品制造业、医药制造业、通用设备制造业、专用设备制造业、通信设备、计算机及其他电子设备制造业、建筑业、交通运输、仓储和邮政业、批发和零售业、住宿和餐饮业、金融业、房地产业、租赁和商业服务业、科学研究、技术服务和地质勘查业、水利、环境和公共设施管理业、居民服务和其他服务业、教育业、卫生、社会保障和社会福利业。按照中国遭遇的反倾销行业分布,笔者选取了纺织业、化学原料及化学制品制造

业、机器、机械制造业。根据国民经济行业分类和 HS 编码分类定义，笔者将上述三种行业的转换如下（见表 2－13）。根据转换，本书笔者按照 HS 编码将国民经济行业分类下的产业数据汇总或平均得到行业反倾销调查和 FDI 数据。

表 2－13　　　　　　　　　　HS 编码和国民经济分类转换

HS 编码		国民经济行业分类	
一位数分类	两位数分类	一位数分类	两位数分类
纺织原料及纺织制品	蚕丝；羊毛、动物细毛或粗毛；马毛纱线及其机织物；棉花；其他植物纺织纤维；纸纱线及其机织物；化学纤维长丝；化学纤维短纤；絮胎、毡呢及无纺织物；特种纱线；线、绳、索、缆及其制品；地毯及纺织材料的其他铺地制品；特种机织物；簇绒织物；花边；装饰毯；装饰带；刺绣品；浸渍、涂布、包覆或层压的织物；工业用纺织制品；针织物及钩编织物；针织或钩编的服装及衣着附件；非针织或非钩编的服装及衣着附件；其他纺织制成品；成套物品；旧衣着及旧纺织品；碎织物；鞋、帽、伞、杖、鞭及其零件；已加工的羽毛及其制品；人造花；人发制品；鞋靴、护腿和类似品及其零件	纺织业	棉纺织及印染精加工；毛纺织及染整精加工；麻纺织及染整精加工；丝绢纺织及印染精加工；化纤织造及印染精加工；针织或钩针编织物及其制品制造；非家用纺织制成品制造
		纺织服装、服饰业	机织服装制造；针织或钩针编织服装制造；服饰制造
		化学纤维制造业	纤维素纤维原料及纤维制造；合成纤维制造
化学工业及其相关工业的产品	无机化学品；贵金属、稀土金属、放射性元素及其同位素的有机及无机化合物；有机化学品；药品；肥料；鞣料浸膏及染料浸膏；鞣酸及其衍生物；染料、颜料及其他着色料；油漆及清漆；油灰及其他胶黏剂；墨水、油墨；精油及香膏；芳香料制品及化妆盥洗品；肥皂、有机表面活性剂、洗涤剂、润滑剂、人造蜡、调制蜡、光洁剂、蜡烛及类似品、塑型用膏、"牙科用蜡"及牙科用熟石膏制剂；蛋白类物质；改性淀粉；胶；酶；炸药；烟火制品；火柴；引火合金；易燃材料制品；照相及电影用品；杂项化学产品	化学原料和化学制品制造业	基础化学原料制造；肥料制造；农药制造；合成材料制造；专用化学产品制造；炸药、火工及焰火产品制造；日用化学产品制造
		医药制造业	化学药品原料药制造；化学药品制剂制造；中药饮片加工；中成药生产；兽用药品制造；生物药品制造；卫生材料及医药用品制造

HS 编码		国民经济行业分类	
一位数分类	两位数分类	一位数分类	两位数分类
机器、机械器具、电气设备及其零件；录音机及放声机、电视图像、声音的录制和重放设备及其零件、附件	核反应堆、锅炉、机器、机械器具及其零件；电机、电气设备及其零件；录音机及放声机、电视图像、声音的录制和重放设备及其零件、附件	通用设备制造业	锅炉及原动设备制造；金属加工机械制造；物料搬运设备制造；泵、阀门、压缩机及类似机械制造；轴承、齿轮和传动部件制造；烘炉、风机、衡器、包装等设备制造；文化、办公用机械制造；通用零部件制造；其他通用设备制造业
		专用设备制造业	采矿、冶金、建筑专用设备制造；化工、木材、非金属加工专用设备制造；印刷、制药、日化及日用品生产专用设备制造；纺织、服装和皮革加工专用设备制造；电子和电工机械专用设备制造；农、林、牧、渔专用机械制造；医疗仪器设备及器械制造；环保、社会公共服务及其他专用设备制造

资料来源：笔者根据 HS 编码和国民经济行业分类标准对应转换整理得出。

（二）反倾销对中国 FDI 影响事实描述

纺织业、化工业、机械装备业是中国遭遇反倾销最为频繁的三个产业，2021 年，纺织业遭遇反倾销调查 109 次，化工业遭遇反倾销 139 次，机械装备业遭遇反倾销 102 次。本书发现 2003～2021 年纺织业 FDI 流入从 21.9 亿美元下降至 5.2 亿美元，而化工业和机械装备业 FDI 流入却分别从 26.0 亿美元和 27.9 亿美元则上升至 56.4 亿美元和 103.5 亿美元。从 FDI 绝对数量变化上（见表 2-14），本书发现尽管有多种原因可能导致纺织业 FDI 流入出现下降，但是就本书上述数据来看反倾销对纺织业 FDI 流入产生了不利影响，而对化工业和机械装备业却并未构成影响。

表2－14　纺织业、化工业、机械装备业反倾销发起累计数量和FDI流入年增长率

年份	纺织业		化工业		机械装备业	
	反倾销发起数	FDI（%）	反倾销发起数	FDI（%）	反倾销发起数	FDI（%）
2004	12	7.26	21	2.06	6	46.06
2005	18	－10.52	28	5.77	11	－2.33
2006	31	－0.48	37	－6.00	18	－3.69
2007	36	－11.98	54	9.33	25	16.69
2008	45	－1.07	64	42.85	34	41.63
2009	57	－23.64	77	－3.19	45	－12.01
2010	61	15.10	87	－13.90	51	18.35
2011	61	－3.96	87	8.73	52	6.42
2012	78	2.89	92	6.54	54	4.55
2013	82	1.74	97	5.66	58	5.61
2014	86	1.11	103	－4.45	62	－3.22
2015	93	－0.96	106	－5.45	64	－2.33
2016	95	－1.21	115	3.21	69	1.57
2017	98	3.43	120	4.33	73	2.45
2018	103	1.56	128	－1.21	79	－2.15
2019	105	－2.14	131	3.66	85	4.33
2020	108	1.43	135	4.74	94	5.43
2021	109	－2.61	139	－3.46	102	－3.20
均值		1.34		3.29		6.90

资料来源：反倾销发起数量来源于WTO反倾销数据库，行业FDI数据来源于中经网年度数据库。

　　考虑到反倾销具有持续的影响，本书将反倾销发起累计数量与FDI流入年度增长率进行对比后发现，随着纺织业反倾销累计发起数量从12例增加到109例，2004~2021年纺织业FDI年度增长率平均仅为1.34%，如果不考虑其他影响FDI流入的因素，反倾销对纺织业FDI存在负面影响。化工业和机械装备业反倾销累计发起数量分别从2003年21例和6例增加到2021年139例和102例，两个行业FDI流入年增长率平均值分别为3.29%和6.90%，但是本书发现如果排除化工业和机械装备业2008年的异常高速增

长，总的来看两个行业 FDI 年度增长率是边际递减式的增长，即增长的速度在减慢，如果不考虑其他影响因素，反倾销显然也对这两个行业 FDI 流入构成了不利影响。

第四节　本章小结

反倾销政策最初作为消除不公平竞争而登上历史舞台，二战后随着关税壁垒的不断削减，世界经济周期波动性增强，国家间竞争加剧而成为贸易保护的利器。20 世纪 90 年代以来，发展中国家经济的慢慢崛起使得国际市场上公司间的竞争日趋加剧，贸易份额的争夺日趋激烈，竞争的加剧必然导致某些公司受损，也势必会使得这些受损的公司向政府寻求保护，因此贸易保护抬头成为必然。再加之 WTO 围绕关税减免的多轮谈判，因此以反倾销为代表的隐性贸易保护甚嚣尘上。

当今世界反倾销与经济衰退具有显著相关性，当经济形势出现衰退，反倾销的贸易保护手段必然频繁出现，而经济形势向好时，则反倾销就会减少，因此反倾销具有反经济周期性。传统贸易保护手段关税壁垒往往成文 WTO 谈判首要攻击目标而被削减，但是反倾销却因此合法性日渐而大行其道，因此反倾销与关税二者之间具有此消彼长的特点。当今世界反倾销的使用绝不再是发达国家的特权，发展中国家正在成为主角，并且反倾销涉及的产业涵盖了除军火、武器及其零部件、艺术品、收藏品、古董之外的所有产业。

反倾销除了因为发起国经济衰退而频繁发起外，由于进口国进口部门竞争力下降导致贸易赤字以及进口国货币贬值、失业率上升均会导致反倾销发起。

在经济升级转型背景下，中国不仅与发达国家在高技术含量产品部门竞争开始加剧，而且与发展中国家在劳动密集型产品部门仍存在竞争，因此中国遭遇反倾销的商品不仅有劳动密集型低科技含量产品，而且资本密集型、中等技术含量产品的数量在增多。由于中国企业多以劳动密集型产品参与国际分工，加工贸易是当前中国对外贸易的重要特征，中国遭遇反倾销的商品多以中间产品为主。此外，中国被征收反倾销税率高于其他国家并且一旦遭遇反倾销调查被终裁的概率也高于其他国家，由此可以判断中国正在遭遇与贸易地位并不对称的歧视性反倾销，并且反倾销一旦立案并在其后若干年内被征收惩罚性关税，中国产品所受到的反倾销损害持续存在。

　　数据显示，美国、欧盟、加拿大、土耳其、澳大利亚、印度对中国的反倾销（包括调查和征税）与中国 OFDI 具有相关性，而阿根廷对华反倾销则与中国 OFDI 相关性不大。美国、欧盟、印度行业层面反倾销与 OFDI 数据分析也同样表明反倾销对中国 OFDI 具有诱发作用。纺织业反倾销和 OF-DI 数据分析表明，中国纺织企业通过向越南、柬埔寨、印度尼西亚、老挝投资实现了规避反倾销的目的。此外，中国纺织业、化工业和机械装备业 FDI 数据显示出，反倾销的频繁发生已经对中国上述三个行业的 FDI 构成了不利的影响。

第三章 反倾销诱发中国向发起国 OFDI 研究

随着国际竞争加剧，贸易摩擦频发，反倾销泛滥，利用 OFDI 规避贸易壁垒有助于企业消除反倾销的负面影响，强化企业竞争力，转变外贸增长方式，保持中国经济的可持续发展。本章将对反倾销诱发中国向发起国 OFDI 的产生机制进行理论分析，并利用中国 OFDI 和反倾销征税数据进行实证分析。

第一节 反倾销诱发中国向发起国 OFDI 的理论分析

本书在贝尔德斯等（Belderbos et al., 2004）研究的基础上，利用价格领先的斯塔克尔伯格（Stackelberg）寡头垄断模型分析中国企业如何对发起国政府反倾销决定做出反应。借鉴贝尔德斯等（Belderbos et al., 2004），本书考虑了包括发起国政府、发起国公司和中国公司在内的三阶段模型。第一阶段，发起国政府决定是否实施反倾销；第二阶段，中国企业在出口和投资之间进行选择；第三阶段，中国企业与发起国企业在发起国市场从事价格领先博弈。发起国政府首先行动，中国企业观察到发起国政府行动后决定如何在 FDI 和出口之间进行选择。

本书假设发起国企业在本国市场上早于中国企业开始经营，所以具有优先定价权，属于市场领导者，中国企业通过观察发起国企业的价格水平，然后选择自己的最优的价格水平。在斯塔克尔伯格（Stackelberg）寡头垄断模型中，因为发起国企业处于领导地位，所以中国企业定价不可能超过发起国企业，如果定价高于发起国企业则中国企业将被完全排挤出发起国市场，为简化起见，本书假设中国企业定价等于发起国企业时，中国企业就无法在发起国市场生存。本书通过逆向归纳法求解博弈模型，分析了中国公司如何在 FDI 和出口之间进行选择以及对利润的影响。对模型进行拓展后，本书考虑了中国企业在发起国政府做出决定之前如何在 FDI 和出口之间进行选择。

根据 WTO 的《反倾销协议》规定，征收反倾销税必须满足三个基本条件：一是国外厂商存在倾销行为，即以低于出口国消费的同类产品正常价值的价格向发起国出口；二是倾销对发起国同类产业造成实质性损害；三是倾销和损害之间存在因果关系。当发起国政府确认中国企业存在倾销行为，会征收惩罚性关税，以消除中国企业在发起国市场销售的价格差，也就是确保中国企业在发起国销售价格与发起国本土企业相等。

此外，本书假设中国企业和发起国企业价格差异源于中国企业具有成本优势这种成本优势是可以在国际上转移的。威尔斯（Wells，1983）认为发展中国家企业拥有满足小规模市场需求的生产技术从而获得竞争优势，而拉奥（Lall，1983）则认为发展中国家的公司具有低成本投入的资源禀赋、与发起国的种族联系和适应发起国当地条件的技术资源。从中国对外直接投资统计公报中境外资产总额最多的中国非金融类跨国公司 100 强中可以发现，属于电子、汽车、机械竞争性行业的私营企业达到 11 家，比如联想、华为、吉利汽车、中联重工、美的集团等，这些企业是随着中国改革开放依托中国本土市场发展起来的，形成了自身独特的竞争优势，因此本书认为中国企业可以在国际上转移这种竞争优势。

一、在发起国市场上的反倾销和价格领先博弈

模型假设存在两家企业进行寡头垄断竞争，其中一家为来自发起国的企业（h），另一家为来自中国的企业（c）。本书通过求解在自由贸易和反倾销税征税下的公司出口以及在发起国投资后的利润（π）最大化来分析反倾销征税后公司的行为选择。在发起国市场，中国企业和发起国企业通过提供差异化产品展开竞争。以 q 表示需求量，则发起国企业（q^h）和中国企业（q^c）线性需求函数分别为：

$$q^h = 1 - p^h + kp^c \tag{3.1}$$

$$q^c = 1 - p^c + kp^h \tag{3.2}$$

其中，p^h 为发起国企业在本国市场的产品价格，p^c 为中国企业在发起国市场的产品价格。

参数 k（$0 \leqslant k < 1$）表示发起国企业与中国企业产品的差异程度，$k = 0$ 表示产品完全不同，企业间不存在竞争；随着 k 值趋近 1，表示产品之间只

有轻微差异，企业间竞争加剧。反倾销的实施只有当发起国和中国企业产品具有强替代性时才可能出现，所以本书假设 k 取值足够大以至于产品之间差异程度非常小。

令 c^h 表示发起国企业在本国生产的边际成本，c^c 表示中国企业在国内生产的边际成本，s 表示中国企业出口至发起国每单位产品运输成本，那么中国企业出口边际成本为 $c^c + s$，并且 $c^c + s < c^h$。

（1）自由贸易下的出口利润。在自由贸易下，中国企业把 p^h 视为给定，选择 p^c 最大化利润函数：

$$\max_{p^c} \pi_{FT}^c = (p_{FT}^c - c^c - s) q_{FT}^c (p_{FT}^h, p_{FT}^c) \tag{3.3}$$

下标符号 FT 表示自由贸易下的出口（以下同）。发起国企业能够意识到中国企业的行为，会根据中国企业定价行为进行反应。令 $p^c = g(p^h)$ 为发起国企业根据中国企业定价的最优反应函数，则发起国企业最大化利润：

$$\max_{p^h} \pi_{FT}^h = (p_{FT}^h - c^h) q_{FT}^h (p_{FT}^h, g(p_{FT}^h)) \tag{3.4}$$

此时，通过最优化求解可以得到：

$$p_{FT}^h = \frac{2 + (2 - k^2) c^h + k(c^c + s + 1)}{2(2 - k^2)} \tag{3.5}$$

$$p_{FT}^c = \frac{2k + k(2 - k^2) c^h + (4 - k^2)(c^c + s + 1)}{4(2 - k^2)} \tag{3.6}$$

$$q_{FT}^h = \frac{2 - (2 - k^2) c^h + k(c^c + s + 1)}{4} \tag{3.7}$$

$$q_{FT}^c = \frac{8 + 2k - 4k^2 + k(2 - k^2) c^h + (3k^2 - 4)(c^c + s + 1)}{4(2 - k^2)} \tag{3.8}$$

（2）反倾销税征税下的出口利润。如果中国企业被认定为反倾销，则发起国会征收惩罚性反倾销税，则中国企业最大化利润：

$$\max_{p^c} \pi_d^c = (p_d^c - c^c - s - t) q_d^c (p_d^h, p_d^c) \tag{3.9}$$

下标符号 d 表示反倾销税征税下的出口（以下同）。

发起国企业最大化利润：

$$\max_{p^h} \pi_d^h = (p_d^h - c^h) q_d^h (p_d^h, g(p_d^h)) \tag{3.10}$$

求解最优化得到：

$$p_d^h = \frac{2 + (2 - k^2) c^h + k(c^c + s + t + 1)}{2(2 - k^2)} \tag{3.11}$$

$$p_d^c = \frac{2k + k(2 - k^2) c^h + (4 - k^2)(c^c + s + t + 1)}{4(2 - k^2)} \tag{3.12}$$

$$q_d^h = \frac{2 - (2 - k^2)c^h + k(c^c + s + t + 1)}{4} \qquad (3.13)$$

$$q_d^c = \frac{8 + 2k - 4k^2 + k(2 - k^2)c^h + (3k^2 - 4)(c^c + s + t + 1)}{4(2 - k^2)} \qquad (3.14)$$

发起国征收反倾销税其目的在于消除价格歧视，使中国企业出口边际成本上升，从而提高在发起国市场上的价格。由于中国企业具有成本优势，如果关税的征收不足以抵消中国企业的成本优势（$t < c^h - c^c - s$），则中国企业出口价格仍然小于发起国企业国内销售价格，即 $p_d^c < p_d^h$。但如果发起国采取反倾销措施征收惩罚性关税（$t = c^h - c^c - s$），将使中国企业产品在该国价格与发起国企业价格相等，即 $p_d^c = p_d^h$。但是在斯塔克尔伯格（Stackelberg）寡头垄断模型中，根据本书的计算，反倾销税的征收并不会使中国企业产品价格与发起国企业产品价格相等，而是出现 $p_d^c < p_d^h$，其原因在于中国企业处于跟随地位，在被征收反倾销税之后如果使 $p_d^c = p_d^h$，则就会被排挤出发起国市场，尽管价格不会相等，但是中国企业利润还是会由于反倾销税的征税而减少。

（3）对外直接投资下的利润。如果中国企业对发起国投资，由于中国企业成本优势可以转移，因此中国企业在发起国生产边际成本仍然为 c^c，但是在发起国投资会产生新工厂建造成本，即投资成本 F（假设是一个常数）。在发起国投资情况下中国企业最大化利润：

$$\max_{p^c}\pi_I^c = (p_I^c - c^c)q_I^c(p_I^h, p_I^c) - F \qquad (3.15)$$

下标符号 I 表示对外直接投资（以下同）。

发起国企业最大化利润：

$$\max_{p^h}\pi_I^h = (p_I^h - c^h)q_I^h(p_I^h, g(p_I^h)) \qquad (3.16)$$

求解最优化得到：

$$p_I^h - \frac{2 + (2 - k^2)c^h + k(c^c + 1)}{2(2 - k^2)} \qquad (3.17)$$

$$p_I^c = \frac{2k + k(2 - k^2)c^h + (4 - k^2)(c^c + 1)}{4(2 - k^2)} \qquad (3.18)$$

$$q_I^h = \frac{2 - (2 - k^2)c^h + k(c^c + 1)}{4} \qquad (3.19)$$

$$q_I^c = \frac{8 + 2k - 4k^2 + k(2 - k^2)c^h + (3k^2 - 4)(c^c + 1)}{4(2 - k^2)} \qquad (3.20)$$

在发起国投资建厂进行生产，减少了运输成本和关税，所以中国企业总成本会下降，这样中国企业在发起国产品价格就要小于发起国企业的价格，即 $p_F^c < p_F^h$，并且小于自由贸易条件下的出口产品价格，即 $p_F^c < p_{FT}^c$。

根据式（3.5）至式（3.8）、式（3.11）至式（3.14）、式（3.17）至式（3.20），可以得到均衡价格和产量的一个排序：

$$p_I^c < p_{FT}^c < p_d^c \tag{3.21}$$

$$q_I^c > q_{FT}^c > q_d^c \tag{3.22}$$

$$p_I^h < p_{FT}^h < p_d^h \tag{3.23}$$

$$q_I^h > q_{FT}^h > q_d^h \tag{3.24}$$

二、企业的出口和 OFDI 决定

决定中国企业 OFDI 还是出口行为的是中国企业在上述三种情况下的临界成本水平，为了获得不同情况下企业临界成本，本书首先计算自由贸易和反倾销税下出口以及中国企业 FDI 下利润，具体方法如下：

首先，在自由贸易条件下，将式（3.6）、式（3.8）代入式（3.3）可得企业利润为：

$$\pi_{FT}^c = \left[\frac{2k + k(2-k^2)c^h + (4-k^2)(c^c + s + 1)}{4(2-k^2)} - c^c - s \right] \times$$

$$\left[\frac{8 + 2k - 4k^2 + k(2-k^2)c^h + (3k^2 - 4)(c^c + s + 1)}{4(2-k^2)} \right] \tag{3.25}$$

其次，当发起国征收反倾销税时，将式（3.12）、式（3.14）代入式（3.8）可得企业利润为：

$$\pi_d^c = \left(\frac{2k + k(2-k^2)c^h + (4-k^2)(c^c + s + t + 1)}{4(2-k^2)} - c^c - s - t \right) \times$$

$$\left[\frac{8 + 2k - 4k^2 + k(2-k^2)c^h + (3k^2 - 4)(c^c + s + t + 1)}{4(2-k^2)} \right] \tag{3.26}$$

最后，中国企业对发起国投资，将式（3.18）、式（3.20）代入式（3.15）可得企业利润为：

$$\pi_I^c = \left(\frac{2k + k(2-k^2)c^h + (4-k^2)(c^c + 1)}{4(2-k^2)} - c^c \right) \times$$

$$\left[\frac{8 + 2k - 4k^2 + k(2-k^2)c^h + (3k^2 - 4)(c^c + 1)}{4(2-k^2)} \right] - F \tag{3.27}$$

中国企业选择出口还是投资取决于企业在发起国投资成本 F 的大小，具体来说：

在自由贸易条件下，决定企业出口向投资转变的临界成本水平为：

$$F_{FT}^{*} = \pi_I^c + F - \pi_{FT}^c = (4 - 3k^2)s\frac{A + (3k^2 - 4)s}{4(2 - k^2)} \tag{3.28}$$

其中 $A = 2k(2 - k^2)c^h + 2(3k^2 - 4)c^c - 2k^2 + 4k + 12$，当发起国实施反倾销，征收惩罚性关税时，决定企业出口向投资转变的临界成本水平为：

$$F_d^{*} = \pi_I^c + F - \pi_d^c = (4 - 3k^2)(s + t)\left[\frac{A + (3k^2 - 4)(s + t)}{4(2 - k^2)}\right] \tag{3.29}$$

通过上述分析，本书把企业可能的选择及其条件展示在表 3-1 中：第一种情形，如果 $F < F_{FT}^{*}$，在自由贸易条件下，企业投资成本小于临界成本，此时企业会选择在发起国投资；第二种情形，如果 $F_{FT}^{*} < F < F_d^{*}$，企业投资成本大于自由贸易条件下的临界成本值，但是小于征收反倾销税条件下的临界成本值，因此在自由贸易条件下，中国企业会通过出口服务发起国市场，但是一旦发起国征收反倾销税，具有成本优势的中国企业就会选择投资；第三种情形，如果 $F > F_d^{*}$，则无论是在自由贸易条件下还是在发起国征收反倾销税情况下，企业均会选择出口，这时候中国企业的成本优势足够大以至于征收反倾销税后仍然不能抵消。

表 3-1   中国企业在出口和 FDI 选择可能性

项目	$F < F_{FT}^{*}$ （1）	$F_{FT}^{*} < F < F_d^{*}$ （2）	$F > F_d^{*}$ （3）
自由贸易	FDI	出口	出口
反倾销	（FDI）	FDI	出口

三．企业行为选择对利润的影响

首先对自由贸易和反倾销税征收下企业利润进行比较，当发起国征收反倾销关税为零时，即 $t = 0$，此时自由贸易条件下的利润恰好等于反倾销税征收下的利润，即 $\pi_{FT}^c = \pi_d^c$。为了得到两者之间的关系，本书利用式（3.25）、式（3.26）对 t 进行微分得到：

$$\frac{\partial(\pi_d^c - \pi_{FT}^c)}{t}\bigg|_{t=0} = \frac{(3k^2 - 4)}{8 - 4k^2}[A + 2(3k^2 - 4)s] \tag{3.30}$$

当 k 无限趋于 1 时，即中国企业与发起国企业产品接近完全同质情况下，式（3.30）取值必定为负数，此时随着 t 值上升，即发起国征收的反倾销税增多会使 $\pi_d^c - \pi_{FT}^c$ 减少，因此 $\pi_d^c < \pi_{FT}^c$，即中国企业利润会由于反倾销关税的征收而恶化。

再次，对自由贸易和对外直接投资情况下企业利润进行比较。在忽略对外直接投资沉没成本 F 的时候，如果不存在运费，即 $s = 0$ 时，此时自由贸易下的企业出口利润等于企业投资获得的利润，即 $\pi_{FT}^c = \pi_I^c$。利用式（3.25）、式（3.27）对 s 求微分得：

$$\frac{\partial(\pi_{FT}^c - \pi_I^c)}{s}\bigg|_{s=0} = \frac{(3k^2 - 4)}{8 - 4k^2}A \tag{3.31}$$

同样，当 k 无限趋于 1 时，即中国企业与发起国企业产品接近完全同质情况下，式（3.31）取值必定为负数，此时随着 s 值上升，即发起国征收的反倾销税增多会使 $\pi_{FT}^c - \pi_I^c$ 减少，因此 $\pi_{FT}^c < \pi_I^c$，即中国企业 FDI 利润高于自由贸易条件下利润。

如果考虑到投资沉没成本 F，则 $s = 0$ 情况下，自由贸易出口利润等于对外直接投资利润加上沉没成本，$\pi_{FT}^c = \pi_I^c + F$，利用式（3.25）、式（3.27）对 s 求微分得：

$$\frac{\partial(\pi_{FT}^c - \pi_I^c - F)}{s}\bigg|_{s=0} = \frac{(3k^2 - 4)}{8 - 4k^2}A \tag{3.32}$$

此时，在 $s = 0$ 情况下，$\pi_{FT}^c < \pi_I^c + F$，由于 F 的存在对自由贸易出口利润和对外直接投资利润的判断存在不确定。结合表 3-1 所述，如果 F 足够大以至于超过反倾销税征收条件下的临界成本，则中国企业对外直接投资行为本身就不会存在，企业只会通过出口服务发起国市场。只有在第一种和第二种情形下，企业才可能产生对外直接投资行为。如果是第一种情形，当 $s = 0$ 时，$F < 0$ 必定存在，因此对外直接投资利润一定会大于自由贸易条件利润；如果是第二种情形，当 s 取值为 0 时，

$$0 < F < (4 - 3k^2)t\left[\frac{A + (3k^2 - 4)t}{4(2 - k^2)}\right] \tag{3.33}$$

此时，中国企业对外直接投资利润与自由贸易条件下出口利润相比较存在不确定性，其原因在于沉没成本 F 存在不确定性，如果中国企业具有较强的内部化优势，能够将沉没成本 F 控制在最小化，则有可能使对外直接投资利润高于自由贸易条件下出口利润。不同成本对应的利润函数，如表 3-2 所示。

表 3 - 2　　　　　　　　　　　不同成本对应的利润函数

项目	$F < F_{FT}^*$ （1）	$F_{FT}^* < F < F_d^*$ （2）	$F > F_d^*$ （3）
自由贸易	π_I^c	π_{FT}^c	π_{FT}^c
反倾销	(π_I^c)	π_I^c	π_d^c

通过上述分析，本书可以发现当 $F < F_{FT}^*$ 或者 $F = 0$ 时，企业对外直接投资利润高于自由贸易条件下出口利润，即 $\pi_I^c > \pi_{FT}^c$；而当 $F > F_d^*$ 时，自由贸易条件下出口利润高于反倾销税征收条件下出口利润，即 $\pi_{FT}^c > \pi_d^c$，当 $F_{FT}^* < F < F_d^*$ 时，企业对外直接投资利润与自由贸易条件下利润比较存在不确定性，这种不确定性源自沉没成本的存在。

四、中国国内福利分析

（一）国内福利理论构成

多数研究只是关心发起国征收反倾销税对该国消费者剩余、生产者剩余以及国家税收的影响，而忽视了出口国由于出口的减少或者同投资的增加带来的福利变化。基于此本书考虑了中国企业在反倾销下不同行为选择对中国国内福利会产生何种影响。在展开福利研究之前，本书首先根据企业出口或投资行为分析中国福利函数构成。

首先是就业效应。中国企业在国内生产然后出口，会带动国内就业，特别是在中国当前要素禀赋结构下，劳动力资源丰富而资本稀缺，就业是中国急需解决的大问题，因此就业效应是中国福利必须要考虑进入的。关于就业效应的衡量参照贝尔德斯等（2004），本书假设商品制造过程要素投入只有劳动力一项，一单位劳动力投入（L）能够获得一单位的产出，每单位的生产成本仅包括劳动力工资 W（$W = C$），因此就业效应可以用中国公司劳动力全部收入 $WL = Cq$ 来衡量。

其次是生产者剩余。借助于国际经济理论对于关税效应的分析，本书知道对于进口国而言，如果该国需求价格弹性较大，并且中国向该国出口某种商品量占中国出口总量较大份额，那么一旦进口实施反倾销，就会导致中国出口量剧减，价格下降，从国内生产者角度来说则意味着产生生产者剩余损失。在目前中国出口仍然不失为经济增长动力的情势下，生产者剩余无疑要作为中国福利函数的重要组成部分。生产者剩余借助于中国企业不同选择行为利润进行衡量。

再次是消费者剩余。如前所述，如果中国因为反倾销出口受阻，那么国内该类商品价格将下降，作为消费者能够享受更低的价格，与之前相比，可以产生正的消费者剩余，因此在中国福利函数中考虑消费者剩余是必要的。消费者剩余参考贝尔德斯等（2004）研究，设定为：

$$CS = \left[q^{h2} + q^{c2} + 2kq^h q^c \right] \frac{1}{2(1 - k^2)}$$

最后是投资利润。反倾销实施后中国企业向发起国进行投资，出口利润将减少，但是在发起国生产经营销售利润将增加，不考虑发起国对利润汇回的限制，本书假设中国企业可以把在发起国经营获得利润无条件汇回中国。所以在中国福利函数中本书把企业利润也作为一项重要因素考虑进来。

（二）福利效应比较

根据上文分析，中国企业面临不同的成本区间时，其行为选择是不一样的。当企业从事各种选择时，中国福利会做何变化呢？表3-3将企业不同行为对应的中国福利函数进行展示，从中本书可以对各种福利效应进行对比和分析，以便找寻反倾销对中国福利效应的影响。

表3-3 企业不同选择下中国福利效应

项目	自由贸易	反倾销
$F < F_{FT}^*$ （1）	$G_I = CS_I^c + \pi_I^c - cq_I^c$	$(G_I = CS_I^c + \pi_I^c - cq_I^c)$
$F_{FT}^* < F < F_d^*$ （2）	$G_{FT} = CS_{FT}^c + \pi_{FT}^c + cq_{FT}^c$	$G_I = CS_I^c + \pi_I^c - cq_I^c$
$F > F_{duty}^*$ （3）	$G_{FT} = CS_{FT}^c + \pi_{FT}^c + cq_{FT}^c$	$G_d = CS_d^c + \pi_d^c + cq_d^c$

在第一种情形下，中国企业具有极高的成本优势以至于在自由贸易条件下不出口反而进行投资，当然此时也不会存在反倾销。此时中国福利函数构成只有表第二行所示，即 $G_{FDI} = CS_{FDI}^c + \pi_{FDI}^c - cq_{FDI}^c$，不存在与自由贸易或者反倾销下的比较。

在第二种情形下，中国企业成本优势介于出口临界成本和投资临界成本之间，即如果发起国实行自由贸易政策，则中国企业采取出口策略，如果发起国实施反倾销，则中国企业实行对外直接投资。此时出口和投资对应的福利函数如表 3 - 3 第二行所示，自由贸易条件下福利函数为 $G_{FT} = CS_{FT}^c + \pi_{FT}^c + cq_{FT}^c$，反倾销税征税下中国福利函数为 $G_I = CS_I^c + \pi_I^c - cq_I^c$。

反倾销税为零时，自由贸易条件下福利等于对外直接投资下的福利加上沉没成本和 $2cq_{FDI}$，即 $G_{FT} = G_I + F + 2cq_I$，意味着当 $s = 0$ 时，$G_{FT} > G_{FDI}$，本书通过对下式求导可以获得二者的变化趋势：

$$\left.\frac{\partial(G_I - G_{FT})}{s}\right|_{s=0} = \frac{3k^2 - 4}{4(2 - k^2)}(p_I^c + q_I^c) + \frac{1}{2(1 - k^2)}$$

$$\left[\frac{4k^2 - 4}{4(2 - k^2)}q_I^h + \frac{-2k^4 + 10k^2 - 8}{4(2 - k^2)}q_I^c\right] < 0 \qquad (3.34)$$

当 $k \leqslant 1$ 时，$\frac{\partial(G_{FT} - G_{FT})}{t} < 0$，随着 s 的上升能够减少 $G_I - G_{FT}$ 之间的差距，所以 $G_{FT} > G_I$ 成立。

通过上述分析，本书可以发现在企业对外直接投资情况下中国福利要小于自由贸易条件下福利效应，这主要由两个方面造成的，一是对外直接投资具有沉没成本，存在不确定性，也就是说如果企业投资失败会造成无法挽回的损失。二是投资势必会减少本国的就业，特别是中国当前仍然属于劳动丰裕国家，投资的边际就业效应较高，由于投资而造成的就业损失是必须要考虑的。

在第三种情形下，中国企业成本优势较弱，即使在发起国征收反倾销税的情况下，也缺乏足够的竞争优势走出去。此时，如果发起国不征收反倾销税，中国福利函数为 $G_{FT} = CS_{FT}^c + \pi_{FT}^c + cq_{FT}^c$，而当发起国征收反倾销税时，中国福利函数变为 $G_d = CS_d^c + \pi_d^c + cq_d^c$。本书对二者大小进行比较。

当 $t = 0$ 时，二者的福利效应是相同的，即 $G_{FT} = G_d$，在 $t = 0$ 处对 $G_d - G_{FT}$ 中的 t 进行求导得：

$$\left.\frac{\partial(G_d - G_{FT})}{t}\right|_{t=0} = \frac{3k^2 - 4}{4(2 - k^2)}(p_{FT}^c + q_{FT}^c) +$$

$$\frac{1}{2(1 - k^2)}\left[\frac{4k^2 - 4}{4(2 - k^2)}q_{FT}^h + \frac{-2k^4 + 10k^2 - 8}{4(2 - k^2)}q_{FT}^c\right] < 0 \quad (3.35)$$

当 $k \leqslant 1$ 时，$\frac{\partial(G_d - G_{FT})}{t} < 0$，随着 t 的上升能够增加 $G_{FT} - G_d$ 之间的差距，所以 $G_{FT} > G_d$ 成立。

综上所述，在中国企业具有较高成本优势的时候，无论存在反倾销与否中国企业将直接从事对外直接投资，由于在发起国生产中国将获得企业利润汇回，以及由于通过生产转移满足国外需求，国内价格将下降，国内消费者能够以国内均衡价格获得产品，消费者剩余最大，但是对外直接投资会导致本国就业的丧失。当中国企业成本优势只能保证在自由贸易条件下出口和在反倾销条件下投资的时候，中国将不得不承受由于反倾销税征收带来的福利损失，即在反倾销条件下的福利效应要小于自由贸易条件下的福利效应，这是因为投资不仅会导致本国就业减少还会产生沉没成本，导致双重福利损失。当中国企业成本优势只能保证出口而无法进行投资时，因为反倾销税征收有可能导致中国企业退出发起国市场，即便仍然维持出口，其福利损失将小于自由贸易条件下的福利。

五、行动顺序的变更

本书之前关于中国企业在反倾销下的行为讨论，是根据发起国政府首先行动决定是否征收反倾销税，中国企业观察到发起国政府行动再决定自己的战略展开的。然而在现实中也会出现另外一种可能，即中国企业考虑到发起国政府的反倾销规则选择服务发起国市场的方式。本书假设中国企业对于发起国政府管理目标具有完全信息。根据上述假设，本书分别讨论中国企业可行的战略。

在表 3-1 第二种情形下，中国企业具有中等成本优势时，即 $F_{FT}^* < F < F_d^*$，也就是中国企业成本优势只能保证在自由贸易条件下出口和在反倾销条件下投资的时候，中国企业原本的行为是自由贸易条件下选择出口，反倾销措施下选择 FDI。但是在此中国企业能够预期发起国政府实施反倾销措施，因此如果中国企业首先移动，那么一定倾向于进行 FDI 以跨过反倾销措施。由于中国企业一开始便选择进行 FDI，因此出口倾销便不可能发生，反倾销措施也因此而变得不重要，那么中国企业反倾销跨越 FDI 便是在反倾销措施未实施时发生的。

表 3-1 第一和第三种情形下，当中国企业成本属于 $F < F_{FT}^*$ 或 $F > F_d^*$ 时，除了 FDI 或者出口没有更多的选择。如当 $F > F_d^*$ 时，即使中国企业知道发起国政府会对其征收反倾销税，但是由于成本优势过于弱化，即使被征收反倾销税也缺乏足够成本优势去发起国投资，因此只有被迫选择出口。

六、成本优势无法转移条件下企业行为选择

前文所述是在中国企业成本优势可以转移的前提下讨论的，但是在现实中，中国企业遭遇反倾销的产品有相当部分属于劳动密集型产品，是基于中国国内丰裕劳动力要素禀赋这一比较优势形成的，势必无法在国际上转移，因为如果转移的话必然就会丧失成本优势，其边际成本必然将与发起国趋同，因此也就丧失了竞争优势。在此条件下，中国企业投资利润可以表示为：

$$\pi_I^{c'} = (p_I^c - c^h) q_I^c(p_I^h, p_I^c) - F \tag{3.36}$$

边际成本为 C^h 表示中国企业由于成本无法转移，在发起国将按照该国边际生产成本生产。利用式（3.36）本书可以得到中国和发起国企业生产的均衡价格和产量。

$$p_I^h = \frac{2 + (2 - k^2) c^h + k(c^h + 1)}{2(2 - k^2)} \tag{3.37}$$

$$p_I^c = \frac{2k + k(2 - k^2) c^h + (4 - k^2)(c^h + 1)}{4(2 - k^2)} \tag{3.38}$$

$$q_I^h = \frac{2 - (2 - k^2) c^h + k(c^h + 1)}{4} \tag{3.39}$$

$$q_I^c = \frac{8 + 2k - 4k^2 + k(2 - k^2) c^h + (3k^2 - 4)(c^h + 1)}{4(2 - k^2)} \tag{3.40}$$

模型均衡价格显示，$p_I^c < p_I^h$，意味着中国企业在发起国投资均衡价格仍然小于发起国企业价格，但是利润 $\pi_I^{c'} < \pi_I^c$。

第二节　对华反倾销实施与否对中国 OFDI 的影响

上节对反倾销诱发中国 OFDI 进行了理论分析，但并未给予充分证明，下面本书将利用反倾销及中国 OFDI 数据进行验证。

本书首先验证实施反倾销的国家相比未实施反倾销的国家是否会显著诱发中国 OFDI。考虑到目前针对中国实施的贸易壁垒主要有：关税壁垒、反倾销、反补贴、特别保障措施和技术性贸易壁垒。各种贸易壁垒均有可能对中国 OFDI 产生影响，但本书认为关税壁垒、反倾销和特别保障措施是影响 OFDI 的最重要的动因，原因在于：第一，反补贴是由于一国政府

或任何公共机构向本国企业或产业提供的资金或财政上优惠措施，以使其产品在国际市场上比未享受补贴的同类产品处于更有利的竞争地位。通常来说，企业依靠政府补贴才能获得低成本的竞争优势，如果遭遇反补贴，企业将无法进行对外直接投资，因为企业竞争优势是依赖外部帮助实现而非源自自身。第二，技术性贸易壁垒是"进口通过颁布法律、法令和条例，对进口商品建立各种严格、繁杂、苛刻而且多变的技术标准、技术法规和认证制度等方式，对外国进口商品实施技术、卫生检疫、商品包装和标签等标准，从而提高产品技术要求，增加进口难度，最终达到限制外国商品进入、保护国内市场的目的"（张二震，2009）。技术性贸易壁垒以不满足某些技术标准为由限制进口，设想一下，一个企业在本国以现有技术生产都难以满足对方国家技术标准，难道投资就能够使得企业拥有这种技术吗？

关税壁垒、反倾销和特别保障措施三者之间，反倾销对中国 OFDI 的影响又高于其他壁垒，原因在于各国关税整体而言是呈现下降趋势，特保措施截至目前仅有 5 例被成功实施①。基于此，本书利用年度数据以中国对外直接投资流量与对中国反倾销调查发起数量为例绘制了一张散点图（见图 3 - 1），发现反倾销调查越多的年份，当年的对外直接投资也越多，二者之间呈现正相关的关系。

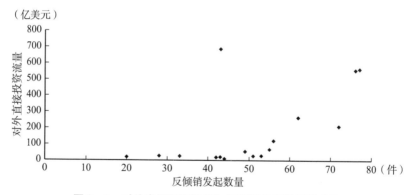

图 3 - 1 对外直接投资流量与反倾销发起数量散点图

资料来源：笔者根据中国对外直接投资统计公报和世界贸易组织反倾销数据库相关数据整理所得。

仅仅从图 3 - 1 上来判断不能准确反映国家个体效应，即反倾销多的国

---

① 笔者根据世界银行临时性贸易壁垒数据库含全球反倾销数据库相关数据整理所得。

家相比反倾销少的国家会显著影响中国对外直接投资。原因在于对外直接投资流量不仅仅响应于反倾销，还与当年发起国经济形势密切相关。如果发起国经济出现衰退，反倾销就会增加（Feinberg，2005），此时企业投资并不会因为反倾销增加而增加，反而会出现下降。这是因为发起国经济衰退，消费者收入也会下降，国内需求萎缩，企业投资预期收益下降，公司的预期利润也会随之下降，企业就会推迟项目投资，反而会减少对该国的投资。因此，有可能出现经济衰退但是反倾销增加的国家和经济快速增长并且反倾销较少的国家并存，对投资的影响就会相互抵消，难以反映出反倾销对投资的个体影响。

基于上述分析，本书利用 2003 ~ 2019 年中国对 89 个国家的对外直接投资来检验对中国实施反倾销和特保措施的国家是否会显著影响中国的对外直接投资，并建立如下模型：

$$\ln OFDI_{it} = \beta_1 D_{it}^{AD} + \beta_2 D_{it}^{SG} + \beta_3 \ln tariff_{it} + \varepsilon_{it} \tag{3.41}$$

其中，$\ln OFDI_{it}$ 为中国在 t 期对 i 国的投资的对数值，$\ln tariff_{it}$ 则表示 i 国 t 期的平均关税率对数值，把影响中国投资的其他因素统统吸收到误差项 ε_{it} 中。D_{it}^{AD} 则表示 i 国在 t 期是否对中国实施反倾销（是取 1，否取 0），D_{it}^{SG} 则表示 i 国在 t 期是否对中国实施特保（是取 1，否取 0）。

$\ln OFDI_{it}$ 为中国对 89 个国家 2003 ~ 2019 年对外直接投资存量，来源于 2020 年中国对外直接投资统计公报。此处使用存量指标是为了更好地反映中国在发起国的累计经营状况（Milner & Penecost，1996）。

$\ln tariff_{it}$：所有产品最惠国加权平均税率（％），来源于世界银行数据库。

D_{it}^{AD} 和 D_{it}^{SG} 反倾销立案和对中国特保措施：来源于世界银行"临时性贸易壁垒数据库含全球反倾销数据库"。

中国进行 OFDI 的 89 个国家或地区如表 3 - 4 所示，其中" * "号表示对中国实施反倾销的国家。

考虑到反倾销和特保措施一旦立案就具有持续性的影响，本书在设置虚拟变量的过程中利用了以下三种方法：

第一种方法，发起国 i 无论在哪一期只要对中国实施反倾销或特保措施（以立案为准），就将该国所有时期全部取 1。这种方法可以将实施反倾销的国家和未实施反倾销的国家进行区分，但缺点是容易将实施期间混淆，造成识别扩大化。比如 i 国只在最后一期实施了反倾销，但是利用该方法第一期也会将其取 1，识别范围扩大。

表 3 - 4 中国进行 OFDI 的 89 个国家

阿尔巴尼亚	白俄罗斯	洪都拉斯	马里	塞尔维亚	乌拉圭
阿尔及利亚	贝宁	吉布提	毛里求斯	塞内加尔	新加坡
阿根廷*	波黑	吉尔吉斯斯坦	毛里塔尼亚	塞舌尔	新西兰*
阿曼	玻利维亚	几内亚	美国*	沙特阿拉伯	叙利亚
阿塞拜疆	博茨瓦纳	加拿大*	孟加拉国	斯里兰卡	也门
埃及	多哥	加蓬	秘鲁*	苏丹	伊朗
埃塞俄比亚	多米尼加	柬埔寨	摩洛哥	塔吉克斯坦	以色列*
澳大利亚*	俄罗斯	喀麦隆	莫桑比克	泰国	印度*
巴巴多斯	厄立特里亚	科特迪瓦	墨西哥*	坦桑尼亚	突尼斯
菲律宾*	巴布亚新几内亚	科威特	纳米比亚	印度尼西亚*	约旦
哈马	冈比亚	克罗地亚	南非*	土耳其	越南
巴基斯坦*	刚果（金）	肯尼亚	挪威	委内瑞拉	赞比亚
巴拉圭	哥伦比亚*	老挝	欧盟*	文莱	乍得
巴拿马	哈萨克斯坦	黎巴嫩	日本*	乌干达	智利
巴西*	韩国*	马来西亚*	瑞士	乌克兰	

第二种方法，发起国 i 在 t 期对中国实施反倾销或特保措施，就将该期取 1，如果没有则取 0，以此类推。比如在 2003 年实施反倾销或者特保措施，则将该年取 1，2004 年没有实施则取 0，2005 若实施则取 1 等。这种方法可以准确识别在 t 期实施反倾销和未实施反倾销国家，但缺点是没有考虑反倾销的持续性的影响。如在 t 期实施反倾销，其影响可能会持续到 $t+1$、$t+2$ 甚至更长。

第三种方法，发起国 i 在 t 期对中国实施反倾销或特保措施，则将该期及以后各期均取 1，此前的各期均取 0。这种方法既可以识别实施和未实施反倾销国家，又充分考虑到了上述两种方法的弊端，取值更加合理。

本书利用上述三种方法分别对实施反倾销和特保措施的国家进行取值，然后运用面板数据模型进行实证分析，结果见表 3 - 5。从表 3 - 5 可以发现，利用第一种方法和第三种方法对反倾销国家进行取值，结果证实了实施反倾销的国家较之于未实施反倾销的国家能够显著地诱发中国对外直接投资，第二种方法虽然也支持了结论但结果却不显著。利用第三种方法对实施特保措施国家进行取值并实证分析，也发现实施特保措施的国家能够显著诱发中国企业对外直接投资，第一种和第二种方法结果不显著。此外，实证结果还显示出发起国关税水平也能够显著引发中国对外直接投资。总的来说，实施反倾销的国家较之于未实施反倾销的国家能够显著地诱发中国对外直接投资。

表 3-5 　　　　　　　　　　　　　模型估计结果

对外直接投资	第一种方法	第二种方法	第三种方法
是否实施反倾销	1.832 *** (4.03)	0.433 (1.34)	1.561 *** (5.47)
是否实施特保措施	-0.234 (-0.26)	0.435 (0.43)	1.216 * (1.89)
关税	0.634 *** (3.67)	0.879 *** (3.78)	0.593 *** (3.57)
随机效应	是	否	是
固定效应	否	是	否
Hausman	2.32	14.54 ***	4.80
观测值	895	895	895

注：*** 、* 分别表示显著性水平为 1%、10%；Hausman 检验确认了第一种方法和第三种方法采用随机效应，第二种方法采用固定效应。

第三节　反倾销对中国规避动机 OFDI 的效应分析

本书上节证明了对中国实施反倾销国家显然能够成为中国 OFDI 的动机，但是反倾销实施引发的 OFDI 边际效应究竟有多大呢？下面本书将对此进行实证分析。

一、变量选取及模型设定

（一）变量选取

本书以中国对发起国的直接投资作为被解释变量，以发起国对中国发起的反倾销立案次数为主要的解释变量，控制变量的选取参考了巴克利等（Buckley et al.，2007），李猛和于津平（2011）的研究成果，将以下变量作为控制变量。

（1）发起国国内经济规模。中国企业家调查系统关于《中国企业战略：现状、问题及建议》的调查报告已经表明，在已经走出去的企业中，无论是在发达国家还是在发展中国家投资，最首要的目标就是占领市场。邓宁（Dunning，1977，1981，1988）OIL 理论也强调了市场规模作为区位优势在决定企业对外直接投资行为中的重要作用。二者关联机制在于发起国市场规模越大，则更容易使中国企业获得规模经济和范围经济，进而导致对该国对外直接投资的增加。

（2）自然资源禀赋。本书的研究将自然资源分为燃料类和矿物类两大类。随着中国经济的高速发展，我国对石油等燃料类产品对外依赖越来越大，根据 2021 年《中国统计年鉴》显示，2020 年我国石油等燃料类的对外依存度为 73.4%，以获取石油为目的的对外直接投资不断增多，根据 Zephyr 海外并购数据库显示，近年来一些较为典型的并购案例有：2020 年中石油宣布以 16.3 亿美元的价格购得原必和必拓持有的澳大利亚布劳斯 LNG（液化天然气）一体化项目股份；中海油公司以 70.6 亿美元的价格收购英国石油公司在泛美能源公司持有的 60% 权益。因此，本书认为石油等燃料资源充裕的发起国对中国的企业对外直接投资具有正向影响。

矿物类资源的重要性随着我国经济发展也变得越来越大，根据 2021 年中国统计年鉴显示，2020 年我国铜和铁矿石对外依存度均在 80% 以上。我国矿产资源企业的海外投资、并购也在不断增加，根据 Zephyr 海外并购数据库显示，仅在 2020 年就有紫金矿业以 16.99 亿元收购圭亚那金田公司；洛阳钼业以 5.5 亿美元收购 Kisanfu 铜钴矿；山东魏桥等组成的赢联盟与几内亚政府签署《西芒杜铁矿 1、2 号矿块基础公约》；盛屯矿业收购刚果（金）恩祖里铜矿公司等。尽管成功的案例不少，但是对一国资源类企业的并购往往也会导致东道国政府对国家安全的担忧，如张建红等（2010）认为发起国往往会以中国国有企业对其矿产资源企业的并购会影响其国家安全为借口，对于矿物类的并购或者投资施加政治压力从而导致投资失败。因此，矿物资源充裕的国家对中国企业的投资活动可能不会产生正向影响。

（3）政治风险。国际经济理论认为在政治风险高的国家，市场导向型公司倾向于以"手臂长度"服务模式（出口或许可证）替代直接在当地经营，而资源导向型企业出于对巨额沉没成本的考虑也不愿意在当地进行投资。其原因在于，政治风险高国家，制度对社会的约束力消失，企业经营风险增加。相反政治稳定，制度完善能够减少信息不对称，降低不确定性，从而保证市场交易的顺利进行。因此在制度比较完善的国家，经济环境比较容易掌握，企业在发起国经营所面临的不确定性也就比较低，有利于企业在该国开展经营活动。制度完善，政治风险低的国家，其各种法律法规比较健全，企业更容易在确定的环境下开展经营，对于企业利益也能够提供较为有利的保护。巴克利等（Buckley et al.，2007）发现政治风险与中国对外直接投资负相关。

（4）通货膨胀。发起国不稳定和难以预期的通货膨胀率会增加企业长期规划的不确定性，并且高通货膨胀率能够导致发起国货币贬值，减少以发起国货币获得利润的真实价值，增加利润预期不确定，从而抑制市场寻求动机 FDI。发起国通货膨胀意味着本地要素价格上升，增加成本寻求动机 FDI 本地生产成本，从而削弱出口竞争力，因此通货膨胀能够抑制成本寻求动机 FDI。

（5）同中国的进出口贸易。约翰逊和保罗（Johanson & Paul，1975），约翰逊和瓦尔内（Johanson & Vahlne，1977，1990）提出了乌普萨拉企业国际化进程模型，认为随着企业市场经验知识的积累，企业参与国际化的程度会不断加深，从无国际化活动到出口、销售子公司、国外生产发展。中国企业的出口活动日益活跃，出口活动为中国企业与发起国之间构建了一条信息通道，可以使企业较固定地获得发起国一些初步市场信息，随着商业活动的进一步进行——设立销售子公司，企业开始获得广泛而且细分化的市场信息，包括要素市场信息（Johanson & Vahlne，1977）。在具备充分的市场信息的基础上，企业开始在国外从事生产。因此与发起国密切的贸易联系能够为投资提供市场信息支持，从而增加对该国的对外直接投资。

（6）经济开放度。发起国对 FDI 态度越开放，越容易吸引更多的 FDI（Chakrabarti，2001）。

（二）模型设定

通过拓展引力模型，本书设定以下两种模型进行估计，一是面板数据模型，二是考虑到解释变量的内生性和被解释变量的连续性及动态效应，利用动态面板模型进行估计。模型设定如下：

面板数据模型：

$$y_{it} = \alpha_{it} + \beta_{it} x'_{it} + \mu_{it} \quad i = 1, 2, \cdots, N, \quad t = 1, 2, \cdots, T \quad (3.42)$$

动态面板模型：

$$y_{it} = \delta y_{i,t-1} + \beta_{it} x'_{it} + \mu_{it} + \nu_i \quad i = 1, 2, \cdots, N, \quad t = 1, 2, \cdots, T$$

$$(3.43)$$

其中，y_{it} 代表中国对发起国投资，x_{it} 代表解释变量，ν_i 代表发起国由于个体差异而产生的影响，μ_{it} 表示一般误差项。假设 $\nu_i \sim \text{IID}(0, \sigma_\nu^2)$，$\mu_{it} \sim \text{IID}(0, \sigma_\mu^2)$，并且 μ_{it} 和 ν_i 相互独立，μ_{it} 不存在序列相关。

在利用模型进行实证分析之前，本书首先检验了被解释变量和解释变量数据的平稳性，在假设面板数据中各截面成员具有相同单位根的情况下，进行了 LLC 检验、Breitung 检验、Hadri 检验；在假设面板数据各截面成员具有不同单位根的情况下，进行了 Im-pesaran-Skin 检验、Fisher-ADF 检验、Fisher-pp 检验。

然后利用 Kao、Pedroni 和 Johansen 方法进行协整检验，检验结果显示被解释变量和解释变量之间存在协整关系，即被解释变量能够被解释变量的线性组合所解释，两者之间存在稳定的均衡关系。

最后对各个变量之间进行格兰杰因果关系检验。

参照伍德里奇《计量经济学导论》（第 4 版），本书利用下列统计量进行格兰杰检验。

$$S_1 = \frac{(RSS_0 - RSS_1)/p}{RSS_1/(T - 2p - 1)} \sim F(p, T - 2p - 1)$$

如果 S_1 大于 F 的临界值，则拒绝原假设；否则接受原假设：X 不能格兰杰引起 y。

格兰杰因果检验的检验结果与滞后长度 p 有关，因此本书需要利用 AIC 和 SC 准则进行选择。

AIC 准则：
$$AIC = -\frac{2L}{T} + 2(k+1)/T$$

SC 准则：
$$SC = -\frac{2L}{T} + [(k+1)\ln T]/T$$

其中 L 为对数似然值：

$$L = -\frac{T}{2}[1 + \ln(2\pi) + \ln(\hat{u}'\hat{u}/T)]$$

本书选取 AIC 值和 SC 值最小值所对应的阶数。

1. 面板数据模型估计

本书利用 Hausman 检验该模型是否满足个体与解释变量不相关的假设，如果满足就将该模型确定为随机影响形式，反之将模型确定为固定影响形式。

Hausman 检验构建统计量（W）为：

$$W = [b - \hat{\beta}]\hat{\sum}^{-1}[b - \hat{\beta}]$$

b 为固定影响模型中回归系数的估计结果，$\hat{\beta}$ 为随机影响模型中回归系数的估计结果。$\hat{\sum}$ 为两类模型中回归系数估计结果之差的方差，即

$$\hat{\sum} = \text{var}[b - \hat{\beta}]$$

在确定模型形式的基础上，利用广义最小二乘法（GLS）对模型进行估计。

2. 动态面板模型估计

本书模型通过添加滞后一期的被解释变量作为解释变量描述了企业对外直接投资的动态变化。在动态面板模型的估计方法中，本书采用了阿雷拉诺和邦德（Arellano & Bond，1991）、阿雷拉诺和布沃（Arellano & Bover，1995）、布朗德尔和邦德（Blundell & Bond，1998）提出的广义矩估计方法（GMM）对模型进行估计。

首先将模型 4.3.2 的解释变量记为

$$\chi'_{it} = (\ln gdp_{it}, \ln ph_{it}, fu_{it}, mn_{it}, \ln ex_{it}, rd_{it}, rq_{it})' \tag{3.44}$$

这样，式（3.44）可以简化为下述形式：

$$\ln ofdi_{it} = \delta \ln ofdi_{i,t-1} + \chi'_{it}\beta + \nu_i + \mu_{it} \tag{3.45}$$

对式（3.45）进行一阶差分得到

$$\ln ofdi_{it} - \ln ofdi_{i,t-1} = \delta(\ln ofdi_{i,t-1} - \ln ofdi_{i,t-2}) + (\chi_{it} - \chi_{i,t-1})\beta + (\mu_{it} - \mu_{i,t-1}) \tag{3.46}$$

式（3.46）通过差分消除了个体差异而产生的影响，对式（3.46）进一步差分得到

$$\ln ofdi_{i,t-1} - \ln ofdi_{i,t-2} = \delta(\ln ofdi_{i,t-2} - \ln ofdi_{i,t-3}) + (\chi_{i,t-1} - \chi_{i,t-2})\beta + (\mu_{i,t-1} - \mu_{i,t-2}) \tag{3.47}$$

继续差分，可以将式（3.47）堆积为如下形式

$$\Delta \ln ofdi = \delta \Delta \ln ofdi_{-1} + \Delta \chi'\beta + \Delta \mu \tag{3.48}$$

为了使用 GMM 估计方法，需要寻找合适的工具变量。对式（3.46）、式（3.47）进行分析可以发现，当 $t = 3$ 时，由于 μ_{it} 不存在序列相关，所以 $\ln ofdi_{i,1}$ 与（$\ln ofdi_{i,2} - \ln ofdi_{i,1}$）高度相关但是与（$\mu_{i,3} - \mu_{i,2}$）不相关；当 $t = 4$ 时，$\ln ofdi_{i,2}$ 和 $\ln ofdi_{i,1}$ 与（$\ln ofdi_{i,3} - \ln ofdi_{i,2}$）高度相关，而与（$\mu_{i,4} - \mu_{i,3}$）无关，所以在不考虑 χ_{it} 的情况下，可以将（$\ln ofdi_{i,1}$，$\ln ofdi_{i,2}$，$\ln ofdi_{i,3}$）作为工具变量（因为 $t = 1, 2, \cdots, 5$）。

当把 χ_{it} 加入模型的时候，如果 χ_{it} 为严格外生变量，则所有 χ_{it} 都是差分

方程（3.47）的工具变量，工具变量为：

$$w_i = \begin{bmatrix} (\ln ofdi_{i,1}, \chi'_{i,1}, & & \\ \chi'_{i,2}, \cdots, \chi'_{i,t}) & 0 & 0 \\ & (\ln ofdi_{i,1}, \ln ofdi_{i,2}, & \\ 0 & \chi'_{i,1}, \chi'_{i,2}, \cdots, \chi'_{i,t}) & 0 \\ & \cdots & \\ & & \ln ofdi_{i,1}, \ln ofdi_{i,2}, \cdots, \\ 0 & 0 & \ln ofdi_{i,t-2}, \chi'_{i,1}, \chi'_{i,2}, \cdots, \chi'_{i,t} \end{bmatrix}$$

如果 χ_{it} 为前定变量非严格外生，且对于 $s < t$，$E(\chi_{it}\mu_{is}) \neq 0$，否则 $E(\chi_{it}\mu_{is}) = 0$。

此时只有 $(\chi'_{i,1}, \chi'_{i,2}, \cdots, \chi'_{i,t-1})$ 是差分方程（3.47）在 s 期的有效工具变量，工具变量为：

$$w_i = \begin{bmatrix} (\ln ofdi_{i,1}, & & \\ \chi'_{i,1}, \chi'_{i,2}) & 0 & 0 \\ & \ln ofdi_{i,1}, \ln ofdi_{i,2}, & \\ 0 & \chi'_{i,1}, \chi'_{i,2}, \chi'_{i,3} & 0 \\ & \cdots & \\ & & \ln ofdi_{i,1}, \ln ofdi_{i,2}, \cdots, \\ 0 & 0 & \ln ofdi_{i,t-2}, \chi'_{i,1}, \chi'_{i,2}, ,\chi'_{i,t} \end{bmatrix}$$

工具变量矩阵为：

$$W = (\omega'_1, \omega'_2, \cdots, \omega'_n)$$

矩条件为：

$$E(\omega'_i \Delta \mu_i) = 0 \quad i = 1, 2, \cdots, n$$

将工具变量矩阵左乘模型式（3.48）得到：

$$\omega' \Delta ofdi = \omega'(\Delta ofdi_{-1})\delta + \omega'(\Delta\chi)\beta + \omega'\Delta\mu \tag{3.49}$$

通过选择不同的 w_i，(δ, β) 的一步和两步估计得到：

$$\binom{\delta}{\beta} = [(\Delta ofdi_{-1}, \Delta\chi)'\omega U_n^{-1}\omega'(\Delta ofdi_{-1}, \Delta\chi)]^{-1}$$

$$[(\Delta ofdi_{-1}, \Delta\chi)'\omega(\omega' U_n^{-1}\omega)^{-1}\omega'\Delta ofdi] \tag{3.50}$$

其中， $$U_n = \sum_{i=1}^{N} \omega'_i(\Delta\mu_i)(\Delta\mu_i)'\omega_i$$

3. 数据来源及处理

本书选取 2003～2019 年对中国实施过反倾销的共计 21 个国家或地

区——阿根廷、澳大利亚、巴西、加拿大、哥伦比亚、欧盟、埃及、日本、印度、以色列、印度尼西亚、印度、韩国、墨西哥、新西兰、巴基斯坦、秘鲁、泰国、土耳其、乌克兰、美国、南非——作为样本国。具体变量符号、替代变量和数据来源以及样本描述性统计如表 3-6、表 3-7 所示。

表 3-6　　　　　　　变量表示符号、替代变量和数据来源

变量	变量符号	替代变量	数据来源
中国企业投资（被解释变量）	OFDI	中国对发起国对外直接投资存量*	2020 年中国对外直接投资统计公报
反倾销	SAD	发起国对中国发起的反倾销立案次数**	WTO 反倾销数据库
经济规模	GDP	以 2000 年为基期发起国内生产总值	世界银行数据库
自然资源禀赋	MINE	发起国石油和金属矿物出口占该国出口贸易比重	世界银行数据库
政治风险	Politics	世界银行 WGI 中衡量政治稳定和无暴力/恐怖的指数	世界银行数据库
通货膨胀率	NF	发起国通货膨胀率	世界银行数据库
经济开放度	Open	发起国 FDI 流入占 GDP 比重	发起国 FDI 来源于世界银行数据库
出口贸易	Export	中国向发起国出口贸易额	2021 年《中国统计年鉴》
进口贸易	Import	中国从发起国进口贸易额	2021 年《中国统计年鉴》

注：*参照巴雷尔和佩恩（Barrell & Pain, 1993、1999）的研究，对外直接投资采用存量指标。

**同样参照该两位学者的研究，发起国对中国每年反倾销立案次数利用公式 $SAD_{it} = \sum_{t=1}^{n} AD_{it}(t = 1, 2, \cdots, n)$ 所得。

表 3-7　　　　　　　样本描述性统计

变量	均值	最大值	最小值	标准差
OFDI	83678.654	3561357.000	6.000	157635.287
SAD	18.453	169	0	18.756
GDP	256684556.713	3356743145	4325579	409834563.63
MINE	0.240	0.796	0.012	0.215
Politics	-0.32	1.567	-2.705	0.876
NF	0.063	0.433	-0.013	0.056
Open	2.625	11.443	-5.115	2.124

二、实证结果分析

(一)格兰杰因果检验

为了验证各个解释变量与被解释变量之间是否存在因果关系，本书利用样本数据进行了格兰杰因果检验。从表 3 - 8 检验结果可以发现，与前文预期一致，在 10% 显著水平下拒绝发起国反倾销措施不是中国企业投资的格兰杰原因，即发起国对中国反倾销措施诱发了中国对该国的 OFDI。发起国经济规模也在 5% 显著性水平拒绝原假设，接受发起国经济规模是中国 OFDI 的格兰杰原因。中国与发起国的进、出口贸易同样在 5% 显著水平拒绝原假设，接受进出口贸易导致中国对该国的 OFDI。与本书理论预期相反的是，发起国通货膨胀和政治风险却不是中国企业投资的格兰杰原因，这可能是由于以出口为导向的对外经济发展战略决定了中国 OFDI 偏向于市场寻求，以中国本土生产能力为依托，通过在当地设立中介性质的商业企业，服务发起国市场，而通货膨胀或政治风险是增加在发起国生产经营的不确定性和风险性，从而影响企业的预期利润，因此对以市场为导向的中国企业影响不大。自然资源尽管是中国企业从事对外直接投资的重要目的，但是由于受到发起国政治体制、中国企业性质等的影响，中国企业在海外从事资源寻求型 OFDI 时，往往并不顺利，常常以失败告终，这可能会影响格兰杰因果检验的结果。

表 3 - 8　　　　　　　　　格兰杰因果检验结果

零假设	观测值	F 统计量	概率	检验结果
反倾销立案次数不是中国企业投资的格兰杰原因	294	3.816	0.057	拒绝原假设
中国企业投资不是反倾销立案次数的格兰杰原因		0.955	0.335	接受原假设
向发起国出口不是中国企业投资的格兰杰原因	294	6.649	0.013	拒绝原假设
中国企业投资不是向发起国出口的格兰杰原因		2.170	0.153	接受原假设
从发起国进口不是中国企业投资的格兰杰原因	294	6.347	0.017	拒绝原假设
中国企业投资不是从发起国进口的格兰杰原因		2.130	0.156	接受原假设
发起国经济规模不是中国企业投资的格兰杰原因	294	4.075	0.048	拒绝原假设
中国企业投资不是发起国经济规模的格兰杰原因		7.825	0.016	拒绝原假设

零假设	观测值	F 统计量	概率	检验结果
发起国通货膨胀不是中国企业投资的格兰杰原因	294	0.342	0.576	接受原假设
中国企业投资不是发起国通货膨胀的格兰杰原因		0.763	0.374	接受原假设
发起国自然资源不是中国企业投资的格兰杰原因	294	0.714	0.421	接受原假设
中国企业投资不是发起国自然资源的格兰杰原因		0.612	0.443	接受原假设
发起国政治风险不是中国企业投资的格兰杰原因	294	0.721	0.401	接受原假设
中国企业投资不是发起国政治风险的格兰杰原因		2.361	0.121	接受原假设
发起国开放度不是中国企业投资的格兰杰原因	294	4.121	0.051	拒绝原假设
中国企业投资不是发起国开放度的格兰杰原因		11.923	0.011	拒绝原假设

注：VAR 模型最优滞后期根据 AIC 与 SC 统计量进行选择。

根据格兰杰因果检验结果，本书在模型估计过程中剔除通货膨胀、自然资源禀赋和政治风险三个变量。表 3-9 显示了各个变量相关系数矩阵，变量 $\ln GDP$、$\ln Export$、$\ln Import$ 之间具有较高的相关性。为了避免多重共线性，本书分别使用这三个变量进行回归。

表 3 - 9　　　　　　　　　　相关系数检验

变量	SAD	LNGDP	LNOpen	LnExport	LnImport
SAD	1				
$\ln GDP$	0.468	1			
$\ln Open$	-0.185	-0.456	1		
$\ln Export$	0.491	0.856	-0.367	1	
$\ln Import$	0.321	0.780	-0.453	0.861	1

（二）实证结果讨论

根据格兰杰检验变量筛选结果并考虑到变量间的共线性，表 3-10 给出了利用全部国家的数据估计的结果，同时考虑到由于国家间差异较大可能会使结果出现偏颇，本书还将样本国区分为发达国家和发展中国家①分别进行了估计，结果显示在表3-11和表3-12。本书在估计过程中，首先利用Hausman检验对模型采用固定效应还是随机效应进行选择，结果显示，所有模型均可以确定为固定效应模型。但为了进一步验证模型估计结果的稳健性，本书还按照随机效应模型进行了估计以及考虑到不同的截面可能存在异方差现象，本书又按照截面加权（Cross-section weights）固定效应模型进行了估计，两种估计结果与固定效应估计结果一致，但限于篇幅，本书只给出了固定效应模型估计结果。动态面板模型的估计，利用了两阶段动态面板估计方法，工具变量选取利用Arellano-Bond方法。为避免过度识别的问题存在，本书分别给出了每个动态面板模型的J统计量，相伴概率显示模型不存在过度识别问题。模型1~12给出了把反倾销数量（SAD）作为解释变量时的估计结果。

　　表3-10模型1~4估计结果显示，无论是固定效应模型还是动态面板数据模型，以所有国家数据进行估计的结果支持反倾销能够触发中国企业对外直接投资的结论，并且均在1%水平上统计显著。表3-12中模型9至模型12以发展中国家为样本进行估计的结果也显著地支持了该结论，但模型10、模型11的固定效应模型与模型12的估计结果在5%水平上统计显著，除此以外均在1%水平上统计显著。但在表3-11模型5~8中以发达国家为样本进行估计时，模型8固定效应模型估计结果不显著，而除此之外的模型估计结果均在1%~10%水平上统计显著，该模型把经济规模、经济开放度、进口贸易、出口贸易全部作为控制变量，考虑到这些变量之间存在较高相关性（见表3-9），从而存在共线性可能，如果剔除该模型，则可以接受发达国家的反倾销也能够引致中国企业对外直接投资的结论。因此，可以认为发起国对中国反倾销数量越多，则中国对该国的投资也越多，这与蒙代尔（Mundell，1957）、霍斯特曼和马库森（Horstmann & Markusen，1987）、坎帕（Campa，1998）、贝尔德斯（1997）的研究结论是一致的。当发起国反倾销提高了中国企业出口成本，如果成本足够大超过企业临界成本时，中国企业就会选择投资以规避贸易壁垒。至于裴长洪和樊瑛（2010）所提出的企业竞争优势问题，本书的实证研究没有涉及，但是拉奥（Lall，1983）强调发展中国家的企业通过技术引进和创新能够获得竞争优势，并

---

　　① 本书根据联合国《2010年人文发展报告》把澳大利亚、加拿大、欧盟、日本、韩国、新西兰、美国作为发达国家，把阿根廷、巴西、哥伦比亚、埃及、印度尼西亚、印度、以色列、墨西哥、巴基斯坦、秘鲁、泰国、土耳其、乌克兰、南非作为发展中国家。

可能进行直接投资。中国企业基于发展中国家这一特殊环境形成的规模小、标准技术和劳动密集型技术竞争优势，能够开发出不同于发达国家品牌产品不同的产品，当发起国市场较大，消费者偏好具有很大差别时，中国企业产品仍然具有竞争力，这能够成为中国企业对外直接投资的必要条件。发起国反倾销能够诱发中国企业对外直接投资，与现有文献理论预期一致。

表 3 – 10　　　　　　　　全部国家为样本模型估计结果

解释变量	模型 1		模型 2		模型 3		模型 4	
	FE	GMM	FE	GMM	FE	GMM	FE	GMM
SAD	0.032 *** (4.451)	0.025 *** (3.116)	0.025 *** (3.366)	0.016 *** (2.881)	0.046 *** (5.767)	0.021 *** (3.675)	0.026 *** (3.391)	0.021 *** (3.592)
$\ln ODI$ (−1)		0.415 *** (3.761)		0.435 *** (4.521)		0.466 *** (6.931)		0.339 *** (3.151)
$\ln GDP$	7.541 *** (9.670)	3.576 *** (2.722)					3.433 ** (1.976)	1.015 (0.671)
$\ln Export$			1.443 *** (9.922)	0.723 *** (2.891)			0.642 * (1.694)	0.282 (0.463)
$\ln Imxport$					1.174 *** (7.567)	0.643 ** (2.325)	0.276 (1.254)	0.506 ** (2.173)
$\ln Open$	7.463 * (1.832)	0.802 (0.387)	3.923 (0.951)	−0.687 (−0.292)	14.454 *** (3.361)	3.767 * (1.684)	6.312 (1.478)	1.765 (0.760)
观测值	332	248	332	248	332	248	332	248
Hausman	97.296 ***		16.663 ***		11.998 ***		11.118 **	
J 统计量		86.969		86.635		41.213		77.918
相伴概率		0.532		0.563		0.653		0.723
调整后 R^2	0.879		0.867		0.861		0.878	

表 3 – 11　　　　　　　　发达国家为样本模型估计结果

解释变量	模型 5		模型 6		模型 7		模型 8	
	FE	GMM	FE	GMM	FE	GMM	FE	GMM
SAD	0.039 *** (4.571)	0.141 *** (5.225)	0.021 ** (2.135)	0.156 *** (5.472)	0.018 * (1.981)	0.121 *** (5.431)	0.005 (0.620)	0.193 * (1.690)
$\ln ODI$ (−1)		−0.804 *** (−3.871)		−1.258 *** (−3.951)		−1.121 *** (−3.623)		−1.612 * (−1.912)

续表

解释变量	模型5		模型6		模型7		模型8	
	FE	GMM	FE	GMM	FE	GMM	FE	GMM
$\ln GDP$	6.663 *** (3.143)	9.418 ** (2.373)					-10.415 *** (-3.462)	-11.143 (-0.512)
$\ln Export$			1.521 *** (5.476)	1.753 *** (2.767)			1.132 ** (2.033)	2.804 (0.491)
$\ln Imxport$					1.821 *** (7.073)	1.412 ** (3.123)	2.123 *** (4.414)	0.435 (0.178)
$\ln Open$	7.616 (1.345)	2.835 (0.367)	3.805 (0.745)	-3.335 (-0.202)	7.113 * (1.678)	2.534 (0.346)	6.034 (1.523)	2.456 (0.077)
观测值	108	80	108	248	108	80	108	80
Hausman	9.645 **		11.367 ***		27.289 ***		91.024 ***	
J 统计量		2.614		1.315		1.716		0.717
相伴概率		0.425		0.736		0.647		0.358
调整后 R^2	0.782		0.873		0.863		0.954	

表 3-12 　　　　　　　　　 发展中国家为样本模型估计结果

解释变量	模型9		模型10		模型11		模型12	
	FE	GMM	FE	GMM	FE	GMM	FE	GMM
SAD	0.026 ** (2.028)	0.027 *** (2.073)	0.032 ** (2.664)	0.033 *** (4.353)	0.058 *** (5.367)	0.029 *** (3.219)	0.025 ** (1.926)	0.050 ** (1.958)
$\ln ODI$ (-1)		0.411 *** (8.940)		0.436 *** (4.445)		0.385 *** (5.077)		-0.235 * (-1.322)
$\ln GDP$	8.135 *** (8.032)	2.836 ** (2..247)					5.947 *** (2.567)	16.458 (3.578)
$\ln Export$			1.335 *** (7.525)	0.568 ** (2.567)			0.257 (0.647)	-2.091 * (-1.957)
$\ln Imxport$					1.031 *** (5.411)	0.586 *** (3.466)	0.167 (0.655)	0.888 (1.177)
$\ln Open$	6.922 (1.255)	-2.466 (-1.271)	4.188 (0.753)	-5.447 (-1.420)	18.128 *** (2.967)	0.839 (0.246)	6.860 (1.133)	13.435 (0.722)
观测值	224	168	224	168	224	168	224	168
Hausman	80.878 ***		14.345 ***		17.836 ***		17.634 ***	
J 统计量		11.249		11.432		12.356		5.468
相伴概率		0.634		0.298		0.245		0.715
调整后 R^2	0.841		0.845		0.804		0.856	

注：***、**、*分别表示能通过1%、5%、10%水平的显著性检验；J统计量的相伴概率显示所有动态面板数据模型均不存在过度识别问题。

第四节　中国反倾销规避动机 OFDI 的时限条件

遵循阿兹拉克和韦恩（Azrak & Wynne，1994）、萨尔瓦托（Salvatore，1991）、贝尔德斯（Belderbos，1997）、巴雷尔和佩恩（Barrell & Pain，1999）、杜凯和周勤（2010）、徐世腾（2011）等学者研究，本书证实了发起国实施反倾销能够诱发中国 OFDI，但是在现实中可能存在以下事实：

第一，企业无论从事绿地投资，还是跨国并购，在决定投资之前均需要一定的考察期限，反倾销的发生未必就会马上成为企业决定投资的动机。

第二，由于反倾销在每个国家从立案到撤销持续的时间是不一样的，对中国对外直接投资的影响也必然不一样。前文对反倾销持续时间进行了总结（见第二章表 2 - 4），反倾销持续时间最短的国家如以色列、阿根廷仅为 2 年左右，而平均持续时间最长的国家如新西兰、墨西哥则达到 10 年还多，总体上平均持续时间在 6 ~ 7 年。如果企业遭遇反倾销持续时间较短，那么有可能在投资考察结束之前，反倾销就已经撤销，企业根本就没有从事对外直接投资的必要，反之，如果企业遭遇反倾销持续时间较长，那么企业可能才会有足够的动机去从事对外直接投资绕过贸易壁垒。

基于上述两点考虑，接下来本书感兴趣的是，反倾销诱发效应是否存在时期限制？也就是说前期的反倾销能是否会对当期的中国 OFDI 产生影响。针对这个问题本书通过拓展模型 3.42 建立如下实证模型进行研究：

$$\ln OFDI_{it} = \beta_1 \ln Tariff_{it} + \beta_2 SAD_{it} + \beta_3 \ln GDP_{it} + \beta_4 \ln Ex_{it} + \beta_5 \ln IM_{it} + \beta_6 Open_{it} + \varepsilon_{it}$$

$$(3.51)$$

其中，$\ln Tariff_{it}$ 表示 i 国 t 期的平均关税率对数值，表示关税壁垒水平，数据来源于世界银行数据库。其余解释变量含义及数据来源同上部分。

对式（3.51）实证分析很重要的一点是如何反倾销措施的持续性影响的问题[①]。本书借鉴了巴雷尔和佩恩（Barrell & Pain，1999）的研究方法，他们在研究过程中为了准确考察反倾销对投资的影响，采用两种方法衡量反倾销的持续性影响。

一是将反倾销进行加总：

$$SAD_{i,t} = \sum_{t=1}^{n} AD_{i,t} \quad (t = 1, 2, \cdots, n) \qquad (3.52)$$

---

① 关税壁垒不存在持续性影响的问题，因为当年的关税税率并不会适用于下一年度。

二是对反倾销进行了贴现处理：

$$SAD_{i,t} = AD_{i,t} + \sum_{j=1}^{n} (AD_{i,t-j})/j \qquad (3.53)$$

这样处理后可以确保以前的反倾销调查对现在的投资具有逐渐减弱的影响。本书将同时采用两种方法来量化反倾销调查。

此外，反倾销措施持续性影响衡量还存在如何确定基期的问题。本书反倾销样本数据取值范围是从 1995 ~ 2019 年，而对外直接投资样本取值范围是 2003 ~ 2019 年，根据第二章表 2 - 4 所得到的反倾销平均持续年限为 7.1 年，因此将非关税壁垒基期确定为 1996 年是合适的。但同时也注意到每个国家反倾销从立案到撤销持续的时间是不一致的，因此仅以 1996 年为基期难免失之偏颇，本书将分别以 1996 ~ 2012 各年为基期来衡量非关税壁垒的影响。此外，本书还采取将非关税壁垒滞后 1 ~ 7 期来分别衡量可持续性影响。

表 3 - 13 至表 3 - 17 分别对应着用加总方法、贴现方法和滞后方法处理非关税壁垒并实证分析所得到的结果。

表 3 - 13　　　　　　　　非关税壁垒加总方法实证分析结果（1）

对外直接投资	基期 = 1996	基期 = 1997	基期 = 1998	基期 = 1999	基期 = 2000	基期 = 2001	基期 = 2002	基期 = 2003
$\ln Tariff_{it}$	0.682 *** (2.841)	0.683 *** (2.845)	0.683 *** (2.844)	0.681 *** (2.844)	0.680 *** (2.840)	0.679 *** (2.839)	0.678 *** (2.825)	0.677 *** (2.810)
SAD_{it}	0.031 *** (5.795)	0.035 *** (5.780)	0.032 *** (5.795)	0.030 *** (5.790)	0.030 *** (5.789)	0.029 *** (5.785)	0.028 *** (5.760)	0.027 *** (5.760)
其他控制变量								
随机效应	否	否	否	否	否	否	否	否
固定效应	是	是	是	是	是	是	是	是
Hausman	21.05 **	21.20 **	21.96 ***	21.50 ***	21.40 ***	22.02 ***	21.21 **	20.70 **
Cross-section 加权	是	是	是	是	是	是	是	是
观测值	288							
R^2	0.971	0.974	0.977	0.971	0.971	0.974	0.976	0.973

注：*** 、 ** 、 *分别表示显著性水平为 1% 、 5% 、 10% ；对所有模型进行 Hausman 检验后确认采用固定效应；考虑到可能存在截面异方差，本书对方程进行了 Cross-section 加权。

表 3 – 14　　　　　　　非关税壁垒加总方法实证分析结果（2）

对外直接投资	基期＝2004	基期＝2005	基期＝2006	基期＝2007	基期＝2008	基期＝2009	基期＝2010	基期＝2011	基期＝2012
$\ln Tariff_{it}$	0.676 ***（2.832）	0.676 ***（2.833）	0.678 ***（2.833）	0.654 ***（2.832）	0.643 ***（2.834）	0.644 ***（2.835）	0.632 ***（2.815）	0.633 ***（2.825）	0.635 ***（2.824）
SAD_{it}	0.026 **（5.785）	0.033 ***（5.781）	0.031 ***（5.695）	0.029 ***（5.690）	0.032 ***（5.679）	0.031 ***（5.765）	0.030 ***（5.770）	0.026 ***（5.720）	0.027 ***（5.750）
其他控制变量									
随机效应	否	否	否	否	否	否	否	否	否
固定效应	是	是	是	是	是	是	是	是	是
Hausman	21.05 **	21.20 **	21.96 ***	21.50 ***	21.40 ***	22.02 ***	21.21 **	20.70 **	20.70 **
Cross-section 加权	是	是	是	是	是	是	是	是	是
观测值	288								
R^2	0.971	0.974	0.977	0.971	0.971	0.974	0.976	0.973	0.988

注：*** 、** 、* 分别表示显著性水平为 1%、5%、10%；对所有模型进行 Hausman 检验后确认采用固定效应；考虑到可能存在截面异方差，本书对方程进行了 Cross-section 加权。

表 3 – 15　　　　　　　非关税壁垒贴现方法实证分析结果（1）

对外直接投资	基期＝1996	基期＝1997	基期＝1998	基期＝1999	基期＝2000	基期＝2001	基期＝2002	基期＝2003
$\ln Tariff_{it}$	0.682 **（2.421）	0.685 **（2.432）	0.670 **（2.435）	0.760 **（2.438）	0.651 **（2.433）	0.646 **（2.444）	0.693 **（2.472）	0.643 **（2.491）
SAD_{it}	0.0363 **（2.401）	0.0365 **（2.435）	0.0371 **（2.489）	0.0372 **（2.528）	0.0372 **（2.566）	0.0374 ***（2.635）	0.0383 ***（2.944）	0.0386 ***（3.213）
其他控制变量								
随机效应	否	否	否	否	否	否	否	否
固定效应	是	是	是	是	是	是	是	是
Cross-section 加权	是	是	是	是	是	是	是	是
Hausman	20.88 **	20.92 **	21.06 **	20.97 **	21.00 **	21.22 **	21.23 **	21.20 **
观测值	288							
R^2	0.951	0.954	0.955	0.956	0.954	0.965	0.954	0.935

注：*** 、** 、* 分别表示显著性水平为 1%、5%、10%；对所有模型进行 Hausman 检验后确认采用固定效应；考虑到可能存在截面异方差，本书对方程进行了 Cross-section 加权。

表 3 - 16 非关税壁垒贴现方法实证分析结果（2）

对外直接投资	基期 = 2004	基期 = 2005	基期 = 2006	基期 = 2007	基期 = 2008	基期 = 2009	基期 = 2010	基期 = 2011	基期 = 2012
$\ln Tariff_{it}$	0.634 *** (2.822)	0.657 *** (2.813)	0.625 *** (2.856)	0.636 *** (2.837)	0.678 *** (2.847)	0.613 *** (2.885)	0.626 *** (2.836)	0.644 *** (2.826)	0.633 *** (2.828)
SAD_{it}	0.0353 ** (2.444)	0.0378 ** (2.414)	0.0346 ** (2.426)	0.0378 ** (2.528)	0.0354 ** (2.566)	0.03854 *** (2.635)	0.0382 *** (2.944)	0.0337 *** (3.213)	0.0347 *** (3.235)
其他控制变量									
随机效应	否	否	否	否	否	否	否	否	否
固定效应	是	是	是	是	是	是	是	是	是
Cross-section 加权	是	是	是	是	是	是	是	是	是
Hausman	20.98 **	20.92 **	21.11 **	20.32 **	21.14 **	21.22 **	21.23 **	21.20 **	21.20 **
观测值	288								
R^2	0.955	0.933	0.955	0.916	0.957	0.932	0.976	0.923	0.946

注：*** 、** 、* 分别表示显著性水平为 1% 、5% 、10% ；对所有模型进行 Hausman 检验后确认采用固定效应；考虑到可能存在截面异方差，本书对方程进行了 Cross-section 加权。

表 3 - 17 非关税壁垒滞后方法实证分析结果

对外直接投资	滞后 7 期	滞后 6 期	滞后 5 期	滞后 4 期	滞后 3 期	滞后 2 期	滞后 1 期	当期
$\ln Tariff_{it}$	0.712 *** (2.435)	0.568 ** (2.022)	0.835 *** (2.373)	0.824 *** (2.478)	0.815 *** (2.856)	0.778 *** (2.678)	0.725 *** (2.345)	0.746 ** (2.225)
SAD_{it}	0.064 * (1.805)	0.111 ** (3.733)	0.078 * (1.836)	0.014 (0.303)	− 0.089 *** (− 3.664)	0.023 (0.725)	0.031 (1.433)	0.023 (0.856)
其他控制变量								
随机效应	否	否	否	否	否	否	否	否
固定效应	是	是	是	是	是	是	是	是
Hausman	22.46 ***	22.77 **	22.24 **	20.35 ***	23.57 ***	20.47 **	20.26 **	21.16 **
观测值	288							
R^2	0.964	0.967	0.935	0.946	0.978	0.924	0.963	0.941

注：*** 、** 、* 分别表示显著性水平为 1% 、5% 、10% ；对所有模型进行 Hausman 检验后确认采用固定效应；考虑到可能存在截面异方差，本书对方程进行了 Cross-section 加权。

在实证过程中，本书首先利用 Hausman 检验确定为固定效应，其次考虑到可能存在截面异方差，本书利用 Cross—section 进行加权。从实证结果可以发现：

（1）发起国关税水平与中国对外直接投资正相关。从表 3 – 13 至表 3 – 17 实证结果可以看到，无论利用哪一种方法来衡量反倾销，发起国关税水平均会显著引发中国对外直接投资。结合蒙代尔（Mundell，1957）、霍斯特曼和马库森（Horstmann & Markusen，1987）的讨论，本书认为这是由于发起国现有较高的关税水平提高了中国企业的出口成本，阻碍了中国对该国的出口，当出口成本高于企业对外直接投资沉没成本时，自然就会引发中国企业的对外直接投资。

（2）与前文实证结果一致，市场规模、进出口贸易联系以及经济开放度均会引发中国对发起国的投资。

（3）对各期反倾销引发效应进行比较可以发现，中国 OFDI 更多地响应于前期非关税壁垒的持续性影响。不同于以往文献的研究，本书考虑了不同时期反倾销对对外直接投资的影响，表 3 – 13、表 3 – 14 利用反倾销加总法进行实证所得到的结果显示前期反倾销对当期的 OFDI 均具有正向的影响，并且影响效果一致，结果证实了反倾销措施对中国 OFDI 的诱发效应，但是并没有给出哪一期才会更显著影响中国 OFDI，这可能是由于利用加总法获得的反倾销数据模糊了各年度反倾销措施之间的效果差异导致的。

在表 3 – 15、表 3 – 16 中本书给出利用贴现法进行实证分析得到的结果，尽管各年度反倾销系数之间仅存在微小的差异，但是 t 值确出现了变化，即反倾销实施时间越长，t 值越小，意味着对中国反倾销实施时间越长，中国 OFDI 对反倾销的响应越显著，即反倾销诱发中国 OFDI 存在时间效应。

表 3 – 17 对反倾销诱发 OFDI 的时间效应确认更为明确，滞后六期的反倾销措施在 1% 显著性水平引发了中国 OFDI，滞后 5 期、7 期的反倾销则在 10% 显著性水平诱发了中国 OFDI。实证结果意味着发起国在 5~7 年前实施的反倾销会对当期中国 OFDI 产生显著的引致效应，而实施的反倾销时间越短，越不会引发中国对外直接投资。

结合表 3 – 13 至表 3 – 17，可以发现，与本书前面分析一致，由于企业去海外投资需要有一定的考察和准备期间，因此，当发起国对中国实施反倾销并不会马上引起企业投资行为，中国对外直接投资更多地响应于前期反倾销的持续性影响而非当期的实施数量。

第五节　宏观经济、反倾销与中国 OFDI

一、宏观经济、反倾销与 OFDI 关联机制

克内特和普鲁萨（Knetter & Prusa，2003）利用泊松负二项回归法对澳大利亚、加拿大、美国和欧盟反倾销的宏观决定因素检验后发现，汇率和 GDP 增长率能够显著影响反倾销数量。布洛尼根和鲍恩（Blonigen & Bown，2003）对美国 1980~1998 年反倾销的活动实证分析后认为，就业与反倾销存在显著正相关。马赫（Mah，2000）的 Johansen 协整检验结果显示出贸易平衡与反倾销存在长期均衡关系。赛伯里（Sabry，2000）的研究也显示出与进口渗透率、就业状况和生产饱和度与反倾销具有相关性。阿加沃尔（Aggarwal，2004）研究发现政治选举、工会也会导致反倾销，但是安德森（Anderson，1993）则给出了反倾销裁决不受政治压力影响的结论。巴格沃蒂等（Bhagwati et al.，1992）研究也显示出，由美国贸易保护供给方（美国政府）和需求方（厂商、工会、院外集团）共同促成的贸易保护促进了日本对美国的投资。这些研究表明发起国国内政治经济特征决定着反倾销政策的形成。而反倾销又是引发跨越型投资的必要条件（Robert Mundell，1957；Horstmann & Markusen，1987；Belderbos et al.，2004；Campa，1998；Belderbos，1997）。因此，引起中国跨越型投资的真正原因应当是发起国政治经济形势所造成的，如果仅仅研究反倾销对中国投资的作用，难免会导致片面化。结合上述讨论，本书在分析反倾销对投资的影响时将发起国经济增长、就业和贸易逆差纳入模型，研究在这些因素作用下所产生的结果是否会与现有文献结论相一致。本书首先基于现有文献并结合国际经济学相关理论，对宏观经济——反倾销——投资之间的关联机制（见图 3－2）进行分析。

（一）经济增长

范伯格（Feinberg，2005）研究显示宏观经济形势是影响一国发起反倾销的重要因素，经济衰退会使国内厂商倾向于发起反倾销诉讼维护其市场利益。当发起国国内需求下降，厂商缺乏投资热情，利润下滑，国内资源

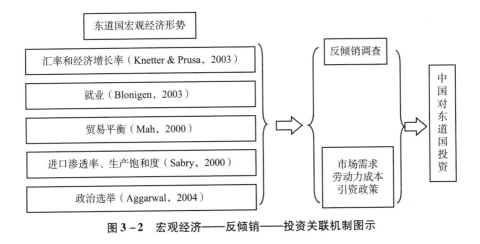

图 3 - 2　宏观经济——反倾销——投资关联机制图示

闲置，从而经济开始萧条时，来自国外的进口商品会对国内进口部门市场、利润、就业构成压力，国内厂商常常以本国产业正在经历衰退为借口，让政府确信其正在遭受国外厂商廉价商品的实质性损害，因此向政府诉诸反倾销以寻求保护。此外，当发起国经济萧条时，国外厂商为了保持在该国市场份额，会主动降低价格，从而也使发起国更容易得到进口商品价格低于出口国国内正常价格销售的结论，增加反倾销认定的可能性，倾销认定概率的提升会增加国内厂商反倾销诉讼的预期收益，所以发起国经济衰退时国内厂商倾向利用反倾销诉讼维护自己利益。经济扩张时，消费者需求增加，国外厂商会提高商品价格，这样就减少了倾销的可能性。发起国经济不景气，中国厂商遭遇反倾销的可能性就越大，如果从企业出口成本角度分析，企业遭遇反倾销就会减少企业在发起国出口市场份额，如果企业因此而遭受到的利润的损失大于在发起国绿地投资或者并购的成本，则企业就会倾向于从事跨越型投资，从而替代原有出口贸易。但是另一方面，由于反倾销发起国经济衰退而导致的消费者实际收入减少，产品需求萎缩，企业出于对预期收益的担忧会减少或推迟投资，进而投资下降。因此当发起国国内经济衰退，则该国政府倾向于实施反倾销保护国内厂商利益，反倾销会诱发中国企业的投资，但是发起国经济衰退却会产生抑制作用，所以发起国经济形势变化所导致的反倾销对中国企业投资存在不确定性。

（二）贸易平衡

贸易逆差会引起发起国反倾销调查数量的增加（Mah，2000；Lee &

Mah，2003；Aggarwal，2004；谢建国，2006；于津平和郭晓菁，2011）。当发起国经济增长时，国内一部分需求需通过进口满足，进口就会增加；此外当发起国进口替代部门竞争力下降时，也会导致替代品进口的增加[①]。本国进口增加就有可能导致贸易出现逆差，这会增大国内厂商寻求保护的概率，此外当发起国政府观察到由于贸易逆差而产生国际收支失衡从而对本国货币体系稳定性和国际信用危机产生压力时，就更加易于接受本国厂商诉求而对国外厂商提出反倾销调查。如果发起国贸易顺差，则意味着发起国出口部门竞争力增强，会减少贸易保护程度，此时中国企业会更多通过出口满足发起国国内市场需求。为了应对发起国因为进口替代部门竞争力下降而实施反倾销措施，中国企业通常会采取并购或与国外同类型企业合资设立股份公司来合理规避贸易壁垒，如 TCL 与法国汤姆逊公司共同出资成立的 TTE 电子有限公司，TCL 占有 TTE 公司 67% 的股份，汤姆逊占 33% 的股份。汤姆逊公司将所拥有的全球彩电业务注入合资公司，TTE 可以凭借汤姆逊品牌效应进入欧美市场，达到绕过欧洲贸易壁垒的目的。因此，发起国贸易逆差越大，则对中国提起反倾销调查的可能性越大，中国企业越有可能对该国进行投资。

（三）就业状况

发起国如果国内就业不足，一方面为了减少进口对就业的冲击，一些国家工会会成为贸易保护的游说团体，所以往往工会入会率越高则贸易保护程度越高（Trefler，1993）；另一方面，厂商也不希望因为进口竞争而迫使企业员工失业，因为员工任职期限越长，则人力资本越高，伴随贸易保护准租金也越高，厂商就会倾向于提起反倾销诉讼。此外，当发起国失业率上升时，政府会通过减少劳动密集型产品的进口以促进本国就业，因此相关行业就容易遭到反倾销调查。发起国失业率引起的反倾销，一是会加大中国企业出口贸易成本，从而引发跨越型投资；二是当发起国失业率较高时，该国劳动力成本会降低，劳动力更方便被雇用，企业在当地生产成本会进一步降低，这也构成了对中国企业的吸引力。此外，从政府解决就业角度出发，布兰德和斯潘瑟（Brander & Spencer，1987）的研究显示出当发起国失业发生时，该国希望通过对进口设置不同水平的关税来吸引 FDI 在

---

① 谢建国（2006）认为进口替代型贸易是对东道国进口部门的替代，因此更容易导致反倾销调查，本书认为无论何种类型的进口增长，只要进口增加导致贸易逆差就有可能导致反倾销调查。

当地进行生产。胡夫乐和伍德（Haufler & Wooton，1999）研究发现这种效应在小国表现更加明显。因此，发起国因为高失业率而对发起的反倾销调查能导致中国对该国投资增加。

二、实证模型及数据来源

利用式（3.42）、式（3.43），引入交互项（符号、含义及数据来源见表 3 – 18），其余解释变量含义及数据来源如表 3 – 19 所示。

表 3 – 18   交互项符合、含义及数据来源

项目	变量符号	替代变量	数据来源
经济增长调节作用	$SAD \times Gr$	发起国经济增长率与反倾销立案次数相乘	经济增长率来源于 IMF 数据库
贸易平衡调节作用	$SAD \times Ba$	发起国进出口贸易差额占 GDP 的比重与反倾销立案次数相乘	进出口贸易差额来源于世界银行数据库
就业状况调节作用	$SAD \times um$	发起国失业率与反倾销立案次数相乘	失业率数据来源于国家劳工组织数据库

表 3 – 19   样本描述性统计

$SAD \times Gr$	0.425	7.665	– 2.467	0.983
$SAD \times Ba$	– 0.167	1.932	– 2.735	0.615
$SAD \times um$	1.124	6.756	0	1.514

三、实证结果讨论

（一）格兰杰因果检验

表 3 – 20 检验结果显示在 5% 的显著水平拒绝原假设，接受发起国失业增加所引致的反倾销同样是会诱发中国企业投资，与前文理论预期一致。

表 3 - 20   格兰杰因果检验结果

零假设	观测值	F统计量	概率	检验结果
经济衰退导致的反倾销不是中国企业投资的格兰杰原因	290	0.026	0.901	接受原假设
中国企业投资不是经济衰退导致的反倾销的格兰杰原因		0.075	0.812	接受原假设
贸易失衡导致的反倾销不是中国企业投资的格兰杰原因	290	1.734	0.291	接受原假设
中国企业投资不是贸易失衡导致的反倾销的格兰杰原因		0.023	0.947	接受原假设
失业增加导致的反倾销不是中国企业投资的格兰杰原因	286	4.534	0.067	拒绝原假设
中国企业投资不是失业增加导致的反倾销的格兰杰原因		0.135	0.609	接受原假设

检验结果显示经济衰退所引发的反倾销则不是中国企业投资的原因。这可能是由于中国的对外直接投资动机的多样性所导致的。对于市场寻求型投资，发起国国内市场规模、预期利润会受到经济衰退的影响，从而经济衰退引发反倾销会抑制企业的投资；而对于自然资源寻求型投资则受经济衰退的影响较小，技术资源寻求型投资甚至会由于发起国国内需求下降从而其国内企业资产价格下跌而引发中国企业的并购。因此，经济衰退可能会抵消反倾销对中国 OFDI 的诱发作用。

同样，发起国贸易失衡引发反倾销不是中国企业投资的原因。这可能在于中国一部分出口企业的优势在于国内特定的低成本劳动力，因此在面临反倾销时，无法通过国际直接投资转移企业特定优势；也有可能是一部分企业通过将产业转移至成本与中国接近的第三方国家进行生产，然后出口至发起国规避贸易壁垒。

（二）面板模型实证结果讨论

模型实证过程与前文方法一致，并且按照同样实证思路本书将样本区分为全部国家、发达国家和发展中国家分别进行估计。

表 3 - 21 中模型 1 ~ 4 以全部国家为样本进行估计的结果显示，固定效应模型和 GMM 模型估计均支持受发起国失业状况调节的反倾销对中国对外直接投资构成正向的影响，并且在 1% 水平上统计显著。表 3 - 22 中模型 5 ~ 8 以发达国家为样本，表 3 - 23 中模型 9 ~ 12 以发展中国家为样本进行估计后同样也支持该结论，并且也在 1% 水平上统计显著。

表 3-21 全部国家为样本模型估计结果

解释变量	模型 1		模型 2		模型 3		模型 4	
	FE	GMM	FE	GMM	FE	GMM	FE	GMM
$SAD \times um$	0.532 *** (6.315)	0.456 *** (3.625)	0.457 *** (4.952)	0.346 *** (2.793)	0.589 *** (6.055)	0.341 *** (2.851)	0.453 *** (5.030)	0.432 *** (3.342)
$\ln ODI$ (−1)		0.343 *** (4.430)		0.488 *** (4.929)		0.426 *** (5.794)		0.341 *** (3.251)
其他控制变量								
观测值	314	234	314	234	314	234	314	234
Hausman	88.818 ***		12.209 ***		7.359 *		9.514 *	
J 统计量		74.253		72.431		0.739		69.589
相伴概率		0.789		0.714		0.791		0.800
调整后 R^2	0.893		0.865		0.894		0.835	

注：***、* 分别表示能通过 1%、10% 水平的显著性检验。

表 3-22 发达国家为样本模型估计结果

解释变量	模型 5		模型 6		模型 7		模型 8	
	FE	GMM	FE	GMM	FE	GMM	FE	GMM
$SAD \times um$	0.544 *** (4.556)	0.365 *** (3.099)	2.233 ** (2.482)	0.122 *** (4.759)	0.289 ** (2.289)	0.173 *** (2.799)	0.059 (0.713)	3.346 (0.434)
$\ln ODI$ (−1)		0.131 (1.096)		0.899 *** (5.754)		0.879 ** (2.128)		−1.848 (0.489)
其他控制变量								
观测值	108	80	108	80	108	80	108	80
Hausman	16.623 ***		14.571 ***		27.225 ***		29.238 ***	
J 统计量		4.653		3.497		4.938		0.927
相伴概率		0.245		0.357		0.462		0.433
调整后 R^2	0.755		0.864		0.8685		0.924	

注：***、** 分别表示能通过 1%、5% 水平的显著性检验。

表 3 – 23   发展中国家为样本模型估计结果

解释变量	模型 9		模型 10		模型 11		模型 12	
	FE	GMM	FE	GMM	FE	GMM	FE	GMM
$SAD \times um$	0.565 ***	0.535 ***	0.496 ***	0.493 ***	0.734 ***	0.564 ***	0.657 ***	0.643 ***
	(4.273)	(4.345)	(4.461)	(3456)	(5.558)	(7.324)	(4.324)	(2.543)
$\ln ODI$ (–1)		0.356 ***		0.216 **		0.228 ***		0.214
		(4.349)		(2.191)		(7.345)		(0.337)
其他控制变量								
观测值	208	156	208	156	208	156	208	156
Hausman	68.567 ***		8.440 **		9.677 **		15.136 ***	
J 统计量		10.324		12.335		12.226		4.478
相伴概率		0.456		0.253		0.214		0.765
调整后 R^2	0.845		0.864		0.835		0.856	

注:(1） *** 、 ** 分别表示能通过 1%、5% 水平的显著性检验。（2） FE 为固定效应模型，GMM 为两阶段动态面板模型，工具变量选取利用 Arellano-Bond 方法。（3） 本书根据联合国《人文发展报告》把澳大利亚、加拿大、欧盟、日本、韩国、新西兰、美国作为发达国家，把阿根廷、巴西、哥伦比亚、埃及、印度尼西亚、印度、以色列、墨西哥、巴基斯坦、秘鲁、泰国、土耳其、乌克兰、南非作为发展中国家。（4） Hausman 为在随机效应假设下利用 Hausman 检验所得到的结果，为了证明模型设定的合理性，将该结果列入表中，并不是固定效应下计算得到的 Hausman 检验结果。（5） J 统计量的相伴概率显示所有动态面板数据模型均不存在过度识别问题。

表 3 – 22 以发达国家为样本的模型 5 ~ 7 估计结果也显著支持了结论，但除了模型 6、模型 7 固定效应模型估计结果在 5% 水平上统计显著外，其余估计结果均在 1% 水平统计显著。表 3 – 22 中模型 8 固定效应模型和 GMM 模型估计结果均不显著，如果考虑到共线性可能引致模型估计结果偏颇的问题，在剔除模型 16 后，可以认为由于发达国家失业率上升引发的反倾销会显著地引发中国企业对外直接投资。

实证结果表明在失业率较高的国家，如果该国政府为缓解失业，对本国进口部门竞争对手——国外企业实施反倾销以限制进口，会引发中国企业对该国的投资。其原因在于发起国失业人数增加，失业率上升会从两个方面触发中国的投资，一是失业率上升引起的反倾销增加中国企业出口成本，从而触发中国的投资；二是失业率增加所导致的该国劳动力工资下降，企业在该国投资成本就会降低，从而触发中国成本寻求型的投资。

第六节 本 章 小 结

本章假设发起国企业为领导者，中国企业为跟随者，利用价格领先的斯塔克尔伯格（Stackelberg）寡头垄断模型分析中国企业如何对发起国政府反倾销决定做出反应。其后，以中国相关数据为样本，实证分析了对中国实施反倾销的国家较之于未实施的国家是否显著诱发中国 OFDI，对中国反倾销能够在多大程度诱发 OFDI，不同时期发起的反倾销对中国 OFDI 诱发作用是否一致，发起国不同宏观经济形势发起的反倾销是否会强化或者弱化反倾销跨越动机 OFDI 四个问题。

本书理论模型得到的结论为：

如果 $F < F_{FT}^*$，在自由贸易条件下，企业投资成本小于临界成本，此时企业会选择在发起国投资，投资获得利润高于自由贸易条件下出口利润。但由于企业将生产转移到发起国，中国虽然可以获得企业利润汇回，但却会导致本国就业的丧失，如果中国就业的减少不足以对劳动力工资造成冲击，那么投资对于中国来说就是有利可图的。

如果 $F_{FT}^* < F < F_d^*$，企业投资成本大于自由贸易条件下的临界成本值，但是小于征收反倾销税条件下的临界成本值，因此在自由贸易条件下，中国企业会通过出口服务发起国市场，但是一旦发起国征收反倾销税，具有成本优势的中国企业就会选择投资。此时企业 OFDI 利润与自由贸易条件下利润比较存在不确定性，这种不确定性源自沉没成本的存在。若反倾销的实施使得中国企业不得不以投资的方式进行规避的时候，中国的福利将产生损失，损失主要源自于投资带来的本国就业减少和沉没成本。

如果 $F > F_d^*$，则无论是在自由贸易条件下还是在发起国征收反倾销税情况下，企业均会选择出口，这时候中国企业的成本优势足够大以至于征收反倾销税后仍然不能抵消。自由贸易条件下出口利润高于反倾销税征收条件下出口利润。反倾销税征收有可能导致中国企业退出发起国市场，即便仍然维持出口，其福利损失将小于自由贸易条件下的福利。

本书实证模型得到的结论为：

（1）与未对中国实施非关税壁垒的国家相比，对中国实施反倾销和特保措施的国家会显著引发中国 OFDI。

（2）发起国对中国反倾销措施能够显著诱发中国 OFDI。本书分别以 21

个国家、发达国家和发展中国家为样本对反倾销能够在多大程度诱发中国 OFDI 进行实证,结果发现以全部国家为样本的实证结果显示,反倾销每增加 1 例,中国对发起国的 OFDI 将增加 0.02% ~ 0.05%,而以发达国家为样本的实证结果显示,反倾销每增加 1 例,中国对发起国的 OFDI 将增加 0.01% ~ 0.2%,以发展国家为样本的实证结果显示,反倾销每增加 1 例,中国对发起国的 OFDI 将增加 0.02% ~ 0.05%。反倾销的实施增加了中国企业出口成本,从而引发中国企业从事 OFDI 绕过反倾销以保持市场份额。

(3)反倾销措施对中国 OFDI 的诱发具有时间效应,即由于反倾销影响的持续性,中国 OFDI 会显著响应于发起国较早对中国实施的反倾销措施,特别是发起国已经对中国实施 5 ~ 7 年的反倾销会显著影响当期的中国 OFDI。利用反倾销加总法进行实证所得到的结果显示前期反倾销对当期的 OFDI 均具有正向的影响,并且影响效果一致,结果证实了反倾销措施对中国 OFDI 的诱发效应,但是并没有给出哪一期才会更显著影响中国 OFDI。而利用贴现法进行实证分析得到的结果,虽然各年度核心解释变量(反倾销)系数变化不大,但是其 t 值存在差异性,t 值与反倾销实施时间具有负相关性,这表明反倾销实施时间越长,中国对该国的 OFDI 的投资越多。反倾销滞后对中国 OFDI 的影响是显著的。实证结果意味着由于企业去海外投资需要有一定的考察和准备期间,因此,当发起国对中国实施反倾销并不会马上引起企业投资行为,中国对外直接投资更多地响应于前期反倾销的持续性影响而非当期的实施数量。

(4)发起国经济衰退或者贸易失衡可能会抵消由其引发的反倾销对中国企业对外直接投资的引发作用,也就是说当发起国经济衰退或者贸易失衡时,中国企业此时投资可能不仅关注于反倾销引发的市场的损失,更多地还会考虑发起国整体投资环境的变化。

(5)发起国失业增加而引起的反倾销会触发中国企业反倾销跨越型投资,这是由于发起国失业上升引起的反倾销,一是会加大中国企业出口贸易成本,从而引发跨越型投资;二是当发起国失业率较高时,该国劳动力成本会降低,劳动力更方便被雇用,企业在当地生产成本会进一步降低,这也构成了对中国企业的吸引力。

第四章　反倾销诱发中国向第三国 OFDI 研究

当遭遇反倾销时，企业理性的选择是直接在发起国进行投资以规避贸易壁垒，然而中国企业赖以在国际竞争的优势往往难以转移到较为发达的发起国，因此通过在更不发达并且未曾遭遇过反倾销的国家进行投资成为这些企业的理性选择。本章对反倾销诱发中国向第三国 OFDI 的机制进行分析，并利用中国纺织业数据进行实证分析。

第一节　反倾销诱发中国向第三国 OFDI 的理论分析

发起国对中国反倾销措施只会诱发中国对该国的 OFDI 吗？如果在发起国投资的沉没成本过高，中国企业会不会通过在第三国投资跨越反倾销贸易壁垒呢？本书通过建立一个包括发起国、中国和第三国在内的伯特兰德（Bertrand）价格垄断模型进行分析。

参照第三章思路，发起国政府首先决定是否实施反倾销，中国企业观察到发起国政府的行动后决定继续出口还是进行投资，投资成功后中国企业与发起国企业在该国市场从事伯特兰德（Bertrand）博弈。但与第三章不同之处在于，当发起国实施反倾销措施时，中国企业通过在第三国而不是在发起国投资规避贸易壁垒；另外，本书假设中国和发起国企业之间展开的是伯特兰德（Bertrand）价格博弈，而不是价格领先的斯塔克尔伯格（Stackelberg）博弈，这样处理的原因在于考虑到中国企业通过在第三国投资实施反倾销跨越的产业往往集中在劳动密集型行业，如 2008 年由于欧盟、美国、加拿大对中国纺织品的反倾销，红豆集团在柬埔寨新建工厂规避贸易壁垒，中国劳动密集型行业在发起国市场往往具有与当地企业竞争的实力，拥有一定的定价权，因此本书假设中国企业与发起国企业展开的伯特兰德（Bertrand）价格博弈。本书假设开始只有中国和发起国之间存在贸易往来，当中国向第三国进行投资后，第三国才开始向发起国出口，因此当发起国政府对中国实施反倾销措施时，并不存在对第三国实施的反倾销。

本书仍然通过逆向归纳法求解博弈模型，分析中国公司如何在 FDI 和出口之间进行选择以及不同选择行为对企业利润、中国国内福利的影响，并且假设中国企业和发起国企业价格差异源于中国企业具有成本优势，这种成本优势是可以在国际上转移的。

与第三章相同，本书假设发起国企业（q^h）和中国企业（q^c）线性需求函数分别为：

$$q^h = 1 - p^h + kp^c \tag{4.1}$$

$$q^c = 1 - p^c + kp^h \tag{4.2}$$

其中，p^h 为发起国企业在本国市场的产品价格，p^c 为中国企业在发起国市场的产品价格。其中参数 k（$0 \leqslant k < 1$）表示发起国企业与中国企业产品的差异程度。

令 c^h 表示发起国企业在本国生产的边际成本，c^c 表示中国企业在国内生产的边际成本，s^c 和 s^o 分别表示中国和第三国出口至发起国每单位产品运输成本，那么中国企业在本国和第三国出口边际成本为 $c^c + s^c$ 和 $c^c + s^o$，并且本书假设 $c^c + s^c < c^c + s^o < c^h$，即由于第三国运输成本高于中国，中国开始并不会在第三国生产。此外，当发起国征收反倾销税的条件下，一定存在 $s^c + t > s^o$，否则中国企业不会在第三国进行 OFDI 出口至发起国。

（1）在发起国自由贸易条件下，中国企业和发起国企业分别最大化利润：

$$\max_{p^c} \pi_{FT}^c = (p_{FT}^c - c^c - s^c) q_{FT}^c \tag{4.3}$$

$$\max_{p^h} \pi_{FT}^h = (p_{FT}^h - c^h) q_{FT}^h \tag{4.4}$$

通过求解最优化可以得到：

$$P_{FT}^c = \frac{k(c^h + 1) + 2(1 + c^c + s^c)}{4 - k^2} \tag{4.5}$$

$$P_{FT}^h = \frac{2(c^h + 1) + k(1 + c^c + s^c)}{4 - k^2} \tag{4.6}$$

$$q_{FT}^c = \frac{(c^c + s^c)(-2 + k^2) + k(c^h + 1) + 2}{4 - k^2} \tag{4.7}$$

$$q_{FT}^h = \frac{c^h(-2 + k^2) + k(1 + c^c + s^c) + 2}{4 - k^2} \tag{4.8}$$

（2）如果发起国对中国实施反倾销，征收反倾销税，中国企业和发起国企业分别最大化利润：

$$\max_{p^c}\pi_d^c = (p_d^c - c^c - s^c - t)\,q_d^c \tag{4.9}$$

$$\max_{p^h}\pi_d^h = (p_d^h - c^h)\,q_d^h \tag{4.10}$$

求解最优化得到：

$$P_d^c = \frac{k(c^h + 1) + 2(1 + c^c + s^c + t)}{4 - k^2} \tag{4.11}$$

$$P_d^h = \frac{2(c^h + 1) + k(1 + c^c + s^c + t)}{4 - k^2} \tag{4.12}$$

$$q_d^c = \frac{(c^c + s^c + t)(-2 + k^2) + k(c^h + 1) + 2}{4 - k^2} \tag{4.13}$$

$$q_d^h = \frac{c^h(-2 + k^2) + k(1 + c^c + s^c + t) + 2}{4 - k^2} \tag{4.14}$$

不同于第三章，发起国征收反倾销税的征收也无法消除中国和发起国之间的价格差异，此时发起国征收反倾销税将使 $c^c + s^c + t = c^h$，因此 $t = c^h - c^c - s^c$，中国出口成本将上升，最终将使得中国出口商品在发起国市场价格与发起国厂商价格保持一致。

（3）在中国企业成本优势可以转移的条件下，如果中国企业在第三国进行投资，中国企业在该国的生产边际成本仍然为 c^c，投资沉没成本为 F^o（假设是一个常数），并且假设在发起国投资的沉没成本足够高，这样中国企业在投资过程中将选择生产成本更低的国家进行投资。在对第三国投资条件下中国和发起国企业分别最大化利润：

$$\max_{p^c}\pi_I^c = (p_I^c - c^c - s^o)\,q_I^c - F^o \tag{4.15}$$

$$\max_{p^h}\pi_I^h = (p_I^h - c^h)\,q_I^h \tag{4.16}$$

求解最优化得到：

$$P_I^c = \frac{k(c^h + 1) + 2(1 + c^c + s^o)}{4 - k^2} \tag{4.17}$$

$$P_I^h = \frac{2(c^h + 1) + k(1 + c^c + s^o)}{4 - k^2} \tag{4.18}$$

$$q_I^c = \frac{(c^c + s^o)(-2 + k^2) + k(c^h + 1) + 2}{4 - k^2} \tag{4.19}$$

$$q_I^h = \frac{c^h(-2 + k^2) + k(1 + c^c + s^o) + 2}{4 - k^2} \tag{4.20}$$

在发起国对中国实施反倾销措施下，中国企业不同的行为选择对产出和价格产生何种影响呢？本书将不同行为价格和产出排序可以发现：

与第三章结论稍有不同，此处本书得到的结论是自由贸易条件下中国企业出口商品在发起国市场价格最低，反倾销措施实施条件下的价格最高，而且在第三国投资出口发起国价格则居于二者之间，即 $p_{FT}^c < p_I^c < p_d^c$。产出的排序则为 $q_{FT}^c > q_I^c > q_d^c$，自由贸易条件下中国企业的产出最多，反倾销措施实施条件下产出最少。反倾销措施的实施显然扭曲了国际生产格局，减少了发起国消费者剩余。而中国通过第三国投资绕过贸易壁垒则成为应对贸易扭曲的最优选择。

（4）反倾销措施下企业的出口和 OFDI 决定。

在自由贸易条件下，中国企业出口或投资的临界成本为：

$$F_{FT}^* = (13) + F^o - (1) = 2\delta\varphi(s^o - s^c) + \varphi^2(2c^c + s^o + s^c)(s^o - s^c) \quad (4.21)$$

在反倾销措施实施条件下，中国企业出口或投资的临界成本为：

$$F_d^* = (13) + F^o - (7) = 2\delta\varphi[s^o - (s^c + t)] + \varphi^2(2c^c + s^o + s^c + t)(s^o - s^c - t)$$

$$(4.22)$$

其中 $\delta = \dfrac{k(c^h + 1) + 2}{4 - k^2}$ 和 $\varphi = \dfrac{-2 + k^2}{4 - k^2}$

本书仍然按照第三章思路对中国企业的行为进行讨论，即中国企业出口或投资决定是临界成本的函数，中国企业通过权衡自身沉没成本在不同行为之间进行选择，但是在此机制下结论与第三章稍有不同。

当 $F^o < F_{FT}^*$ 时，企业在自由贸易条件下和反倾销税征收条件下均会进行 OFDI。不同于第三章讨论结果，在此本书认为 $F^o < F_{FT}^*$ 这种情况并不会发生，因为第三国的出口运输成本高于中国，即便是在自由贸易条件下，中国企业在第三国的出口成本也要高于中国，因此 $F^o < F_{FT}^*$ 在现实中是不会存在的，只是作为理论上的存在。

当 $F_{FT}^* < F^o < F_d^*$ 时，中国企业在自由贸易条件下向发起国出口，但当发起国对中国实施反倾销措施时，中国便会通过在第三国 OFDI 规避反倾销。

当 $F^o > F_d^*$ 时，中国企业无论是自由贸易条件下还是在被采取反倾销措施条件下都只能通过出口服务发起国市场。

讨论结果如表 4-1 所示。

表 4-1　　　　　　　　　中国企业在出口和 FDI 选择可能性

项目	$F^o < F_{FT}^*$ (1)	$F_{FT}^* < F^o < F_d^*$ (2)	$F^o > F_d^*$ (3)
自由贸易	（OFDI）	出口	出口
反倾销	（OFDI）	OFDI	出口

注：括号内表示选择行为不会发生。

（5）企业行为选择对利润的影响。

本书假设中国企业沉没成本处于 $F_{FT}^* < F < F_d^*$ 情况，此时中国企业需要根据发起国政府的反倾销措施做出出口还是投资决定。

自由贸易与发起国实施反倾销措施条件下企业利润比较。当以反倾销税为零（$t = 0$）时，此时两种情况下中国企业出口利润是相等的。通过在对下式在 $t = 0$ 处进行求导可得：

$$\frac{\partial(\pi_{FT}^c - \pi_d^c)}{t}\bigg|_{t=0} = -(-2 + k^2)\left[\frac{(c^c + s^c)(-2 + k^2) + k(c^h + 1) + 2}{(4 - k^2)^2}\right] > 0$$

$$(4.23)$$

当反倾销税为零意味着 $c^h = c^c + s^c$，随着 $c^c + s^c$ 的下降，t 值开始上升。$\pi_{FT}^c - \pi_d^c$ 的差距开始扩大，因此本书可以得到 $\pi_{FT}^c > \pi_d^c$。

中国企业在第三国 OFDI 与发起国实施反倾销措施条件下企业利润比较。由于 $F^o < F_d^*$，意味着 $\pi_I^c - \pi_d^c = F_d^* - F^o > 0$，所以当发起国实施反倾销时，企业在第三国 OFDI 可以获得更多的利润。

本书更感兴趣的是自由贸易与中国企业在第三国 OFDI 条件下企业利润比较，通过比较可以发现反倾销措施的实施是否影响了企业利润。当 $s^c = s^o$ 时，由于在第三国投资存在沉没成本，因此自由贸易条件下的企业利润一定高于在第三国投资获得的利润，随着 s^c 的减少，企业 OFDI 与自由贸易下的利润差距将进一步扩大。

结合上述讨论本书可以获得中国企业不同选择利润排序：$\pi_{FT}^c > \pi_I^c > \pi_d^c$，即自由贸易条件下，中国企业可以获得最多利润，反倾销措施的实施将诱发中国在第三国从事 OFDI，相应企业的利润较之于自由贸易条件也出现下降，但是要高于在发起国征税后的出口。

（6）中国国内福利分析。

根据本书第三部分，本书根据企业不同的沉没成本而做出的行为选择，列出每种行为对应的福利效应（见表 4-2）。

表 4-2   项目企业不同选择下中国福利效应

项目		自由贸易	反倾销
$F < F_{FT}^*$	(1)	$(G_I = CS_I^c + \pi_I^c - cq_I^c)$	$(G_I = CS_I^c + \pi_I^c - cq_I^c)$
$F_{FT}^* < F < F_d^*$	(2)	$G_{FT} = CS_{FT}^c + \pi_{FT}^c + cq_{FT}^c$	$G_I = CS_I^c + \pi_I^c - cq_I^c$
$F > F_d^*$	(3)	$G_{FT} = CS_{FT}^c + \pi_{FT}^c + cq_{FT}^c$	$G_d = CS_d^c + \pi_d^c + cq_d^c$

在第一种情形下，如前所述，$F^o < F_{FT}^*$ 这种情况实际并不会发生，仅仅在理论上存在中国成本优势极高以至于在自由贸易条件下也会投资的行为，因此也不存在中国福利的任何变化。

在第二种情形下，当 $F_{FT}^* < F < F_d^*$ 时，在自由贸易条件下，中国企业会从事出口贸易，此时中国福利为 $G_{FT} = CS_{FT}^c + \pi_{FT}^c + cq_{FT}^c$；

而当发起国征收反倾销税时，中国企业则会通过在第三国投资以规避反倾销，此时中国福利为 $G_I = CS_I^c + \pi_I^c - cq_I^c$。

如果 $s^c = s^o$，$G_{FT} - G_I = F^o + 2cq_I^c > 0$，因此 $G_{FT} > G_I$。进一步，通过对下式求导以得到二者变化趋势：

$$\left. \frac{\partial(G_{FT} - G_I)}{s^o} \right|_{s^c = s^o} = \frac{2(2 + k^2)c^c}{4 - k^2} > 0 \tag{4.24}$$

随着 s^o 的上升，$G_{FT} - G_{FDI}$ 之间的差距会增大，因此 $G_{FT} > G_{FDI}$，自由贸易条件下中国福利高于 OFDI 条件下的福利效应，意味着反倾销措施的实施恶化了中国福利。产生这一结果的原因在于第三国出口运输成本的上升将使中国企业在第三国投资出口的利润减少，以及由于在第三国投资存在沉没成本和投资后国内就业的减少，在这三方面作用下，中国企业在第三国投资的国内福利效应要小于自由贸易条件下国内的福利效应。但是相比较反倾销措施实施被迫退出发起国市场而言，通过在第三国投资规避反倾销却是避免中国福利恶化的最优选择。

在第三种情形下，当 $t = 0$ 时，自由贸易条件下与反倾销措施实施条件下出口所获得的福利是相等的，因此，本书在 $t = 0$ 处对 $G_{FT} - G_d$ 中的 t 进行求导得：

$$\left. \frac{\partial(G_{FT} - G_d)}{t} \right|_{t=0} = -\left(\frac{2k(k-1)(k+1)}{4 - k^2}q_{FT}^h + \frac{4k^2 + k - 8}{4 - k^2}q_{FT}^c \right) > 0 \tag{4.25}$$

随着 t 值从 0 开始上升，$G_{FT} - G_d$ 之间的差距开始加大，因此与第三章一致，本书可以得到 $G_{FT} > G_d$，即当发起国对中国实施反倾销措施时，征税条件下的中国福利相比较自由贸易条件是恶化的，原因在于征收提高了中国商品在发起国的价格，从而降低对中国商品的需求，出口量减少甚至可能退出发起国市场，传递至中国国内导致就业减少，并最终导致中国福利的恶化。

在将中国国内福利考虑进入模型，本书可以发现，无论中国成本优势处于何种状况，自由贸易都能够使中国获得福利最大化。如果中国企业成本优势足够确保企业在发起国实施反倾销时"走出去"，那么将导致中国福利恶化，但是相比较反倾销导致企业退出发起国市场而言，通过开展反倾销跨越 OFDI 仍然不失为中国减少福利恶化的一个最优选择。但是如果中国企业成本优势不足以支撑在发起国进行 OFDI，那么反倾销税的征收将迫使中国企业减少或退出发起国市场，出口减少，就业增加进而导致中国福利恶化。

（7）中国企业如何在第三国与发起国之间决定投资。

前文本书假设中国企业在第三国投资沉没成本足够低，中国在第三国投资出口至发起国利润高于在发起国投资利润。本书放松假设，如果第三国劳动力、土地等要素成本上升，在该国投资沉没成本上升以至于消除了与发起国在区位优势上的差距，本书假设中国企业投资只能在发起国和第三国之间进行选择，此时中国企业行为会如何变化呢？

中国企业在发起国投资利润为：

$$\max_{p^c} \pi_I^{c'} = (p_I^{c'} - c^c) q_I^{c'} - F^h \tag{4.26}$$

由于中国企业在发起国和第三国生产所得的利润是无差异的，因此本书可以得到均衡产量和价格分别为：

$$P_I^{c'} = \frac{k(c^h + 1) + 2(1 + c^c)}{4 - k^2} \tag{4.27}$$

$$q_I^{c'} = \frac{c^c(-2 + k^2) + k(c^h + 1) + 2}{4 - k^2} \tag{4.28}$$

显然，与前文第三国具有区位优势下中国企业利润相比存在以下排序：

$$P_I^{c'} < P_I^c$$

$$q_I^{c'} > q_I^c$$

如果第三国和发起国区位优势相同时，中国企业在发起国能够以更低的价格销售更多的产品。

中国企业如何在发起国和第三国之间决定投资呢？本书首先计算在两国决定投资的临界成本：

$$F_I^* = (13) + F^w - (21) = F^h + \frac{-2 + k^2}{4 - k^2}(q_I^c + q_I^{c'}) \tag{4.29}$$

如果 $F^o < F_I^*$，中国企业将在第三国生产然后出口到发起国；反之，中国企业将在发起国生产。

第二节　反倾销诱发中国向第三国 OFDI 的
经验验证——以纺织行业为例

第三章本书实证分析了中国规避发起国反倾销壁垒的投资，本书继续利用实证分析所设定的解释变量和被解释变量验证是否存在中国利用第三国投资规避反倾销。

一、模型设定与数据来源

由于中国目前未公布纺织业分国家或地区的 OFDI 数据，而为了分析反倾销是否引发中国向第三国投资，纺织业是最具有代表性行业，因此为了达到本书实证研究目的，本书将中国向越南、柬埔寨、老挝、印度尼西亚的对外直接投资流量作为被解释变量纺织业 OFDI 替代变量。正如第二章第三节所述，中国在东盟的纺织业 OFDI 最有可能分布在上述四个国家，并且也在上述四个国家的 OFDI 也最有可能以纺织业为主，因此在无法可以获得行业 OFDI 前提下，这种替代是最优的。本书将利用 DID（Difference-in-Difference）模型实证分析中欧盟对中国纺织品实施的反倾销是否会导致中国对上述四国投资的增加。在此本书只考虑欧盟对中国的倾销作为解释变量的原因在于，中国纺织品比较优势在于本国劳动资源丰裕，劳动力成本低而形成的比较优势，无法向成本高于中国的发达国家比如欧盟进行转移，但是可以向成本较之于中国更低的国家进行转移，因此欧盟对中国的反倾销最有可能引发中国向第三国的投资；此外印度、土耳其、南非等国对中国纺织品反倾销，本书认为只能引发中国对该国的投资，并不会引发向第三国的投资，原因在于这些国家劳动力成本、素质与中国接近，经济发展水平相当，中国企业能够将自身的技术优势与当地劳动力相结合来服务发起国市场。

欧盟对中国纺织品的反倾销往往涉及 HS 编码下一系列商品，如 2004 年欧盟对中国化纤布 HS 编码为 54075200，54075400，54076130，54076190，54076990 的商品实施反倾销，如果把所有编码商品均计入反倾销数量，有可能夸大反倾销的影响程度，因此本书将反倾销设定为虚拟变量，当 t 年欧盟对中国纺织品实施反倾销调查时，取值为 1，否则取值为 0。

本书把实证模型可以写成：

$$y_{it} = \delta_1 + \delta_2 d2_t + \cdots + \delta_n dn_t + \beta_1 x_{it1} + \cdots + \beta_k x_{itk} + \alpha_i + u_{it} \qquad (4.30)$$

变量 $d2_t$ 在 $t=1$ 时取值 0 在 $t=2$ 时取值 1 的虚拟变量，变量 α_i 概括了影响着 y_{it} 但又不随着时间而变化的所有无法观测的因素。由于 α_i 与 x_{it} 可能存在相关性，如果对上式直接进行 OLS 估计，必然会导致估计结果是偏误而且不一致的。为了避免估计结果偏误，本书通过相邻期的差分把 α_i 去掉。通过从第二期减去第一期，从第三期减去第二期，依次差分下去可以得到：

$$\Delta y_{it} = \delta_1 + \Delta\delta_{05} d05_t + \Delta\delta_{06} d06_t + \Delta\delta_{07} d07_t + \Delta\delta_{08} d08_t +$$
$$\Delta\delta_{09} d09_t + \Delta\delta_{10} d10_t + \Delta\delta_{11} d11_t + \beta_1 x_{it1} + \cdots +$$
$$\beta_k x_{itk} + \alpha_i + u_{it}, \ t = 2, 3, \cdots, T \qquad (4.31)$$

$d05_t$ 为虚拟变量，如果观测值来自 2005 年就取值为 1，$d06_t$，$\cdots$，$d11_t$ 含义相同。

通过差分法消除了 α_i 的影响，本书利用 OLS 就可以对模型进行估计。

数据来源与第三章相同。

二、实证结果讨论

欧盟对中国的反倾销诱发了中国对越南、柬埔寨、老挝、印度尼西亚的投资。表 4-3 中，结果（1）~（3）的估计结果支持结论，但是却不显著，结果（4）~（5）实证结果不但支持结论，而且通过 10% 水平显著性检验。根据结果（4）~（5）显示，本书可以发现只要欧盟对中国纺织品实施反倾销，中国对上述四国的投资便增加 1%。尽管实证分析证实了本书的猜测，但是本书仍然注意到实证研究不能辨别中国对四国中哪一个国家的投资对欧盟反倾销更敏感，由于四国与中国的外交关系、对华人的友好程度以及发达国家所给予的关税待遇等存在差异，这些都将成为中国纺织企业在对外直接投资过程中必须考虑的因素，由于这些因素难以量化，因此在本书的模型中将这些因素视为既定，也造成本书无法判断中国企业究竟对哪一个国家投资更感兴趣。此外，由于行业层面投资数据的缺乏，本书无法充分判定中国纺织业的区位分布，本书只能利用现有资料猜测中国纺织业可能的区位分布为上述四国，但现实中可能还存在其他中国纺织业感兴趣的国家，比如孟加拉国。

表 4 - 3 模型估计结果

解释变量 ΔFDI	结果 1	结果 2	结果 3	结果 4	结果 5
ΔSAD_eu	0.824 (1.533)	0.916 (1.624)	0.748 (1.515)	1.012 * (1.826)	1.034 * (1.898)
$\Delta \ln GDP$	-1.532 (-0.414)				-2.546 (-0.673)
$\Delta \ln Export$		-1.124 (-1.347)			-1.870 * (-1.795)
$\Delta \ln Imxport$			0.535 (1.245)		1.167 * (1.993)
$\Delta \ln Open$				-4.422 (-0.456)	-2.445 (-0.257)
$d05$	-1.165 * (-1.855)	-1.112 ** (-2.155)	-1.065 * (-1.884)	-1.019 * (-1.724)	-1.112 * (-1.955)
$d06$	0.333 (0.578)	0.338 (0.353)	0.233 (0.443)	0.342 (0.453)	0.438 (0.753)
$d07$	0.489 (0.835)	0.252 (0.634)	0.389 (0.651)	0.651 (0.851)	0.452 (0.734)
$d08$	-0.318 (-0.567)	-0.374 (-0.618)	-0.374 (-0.630)	-0.461 (-0.830)	-0.074 (-0.118)
$d09$	-0.546 (0.369)	-0.787 (-1.278)	-0.446 (-0.890)	-0.420 (-0.560)	-1.197 * (-1.778)
$d10$	-0.167 (-0.346)	-0.199 (-0.122)	-0.322 (-0.612)	-0.457 (-0.337)	-0.299 (-0.522)
$d11$	-0.450 (-0.670)	-0.446 (-0.851)	-0.553 (-0.989)	-0.262 (-0.712)	-0.646 (-1.151)
观测值	64	64	64	64	64
调整后 R^2	0.046	0.113	0.131	0.133	0.141

注: **、* 号分别表示在5%，10%水平显著性检验。

从实证分析结果本书还可以发现中国对四国的投资属于效率寻求型。这一点从 lnGDP 的估计系数可以证实。表 4 - 3 中 lnGDP 的估计结果为负，并且还不显著，意味着这些国家的市场规模与中国企业的投资负相关，发起国市场规模越大，中国企业投资越少，显然这有悖于国际经济理论的预期，造成该结果的原因本书认为中国企业在该国的投资动机并不是为了寻求市场，而是为了获得这些国家低成本的劳动力。经过 40 多年的改革开放，中国要素禀赋正在发生变化，中国劳动力成本不断上升，而资本、技术等要素开始丰富，传统劳动密集型产业已经开始进入产品生命周期衰退期，但相对于越南、柬埔寨、老挝、印度尼西亚等国家中国纺织品仍占有明显技术优势，具备从事对外直接投资的竞争优势，再加上纺织品不断遭遇欧盟等发达国家反倾销贸易摩擦的外部诱因，中国纺织业通过在劳动力成本较低的第三国投资规避反倾销就成为必然。

实证结果中 lnexport 的估计系数也反映出中国投资四国的动机可能为效率寻求而非市场寻求的特征。按照国际经济理论，如果生产要素在国际上可以自由流动，由于生产技术、规模经济和市场扭曲造成国家间要素价格的相对差异，那么国际上的资本流动就会发生，并且一般条件下资本会流入发起国出口部门从而促使出口产品生产的扩张和生产专业化的发展，扩大国际贸易规模，从而出口贸易和投资之间表现出互补关系。而本书估计结果却显示中国对四国的出口并没有促进中国的投资，相反中国企业对四国出口每增加1%，将减少将近2%的投资。其原因可能是，尽管中国经济发展水平高于越南、柬埔寨、老挝和印度尼西亚，但是这些国家在全球价值链决定的国际分工中均处于低端位置，发达国家凭借强大的科技实力和丰裕的资本和技术要素在资本和技术密集的关键生产阶段具备明显的比较优势，上述国家只是按照发达国家的需要专业化于零部件的生产加工和装配，并且这些非关键生产阶段还要受到发达国家跨国公司的控制，即上述国家不得不处于发达国家跨国公司控制下的俘获型治理关系网络。在全球价值链决定的国际分工格局下，中国遭遇反倾销的产品多属于满足发达国家需要的非关键环节中间产品，产品技术含量不高，可替代性强，产业上下游关联度不高，因此当中国为了规避反倾销而对第三国实施的投资目的仍然是服务发达国家市场，并不会带动本国与第三国之间贸易，但却有可能扩大第三国与发达国家之间的贸易规模，因此实证结果显示贸易与投资呈现负相关。

lnimport 系数反映出中国对四国的投资可能为资源寻求动机或效率寻求动机。邓宁（Dunning，1998）归纳了跨国公司资源寻求动机的特点：一是自然资源的可获得性、价格和质量；二是确保资源被利用或其制品能够被出口的基础设施；三是政府对 FDI 的限制；四是投资刺激，比如税收减免等。中国——东盟自由贸易区的建立使中国与越南、柬埔寨、老挝和印尼之间签署有贸易便利化和投资便利化等协定，再加上四国与中国地理位置临近，中国企业能够较为容易从这些国家获取丰富的自然资源。本书以 2019 年中国自四国的进口为例，中国从越南进口的主要产品有矿物燃料及制品（占

28.5%）、电力机械等（26.1%）、木材（6.9%）、矿石等（5.6%）等；中国自老挝进口的主要产品为矿石（56.9%）、木材（26.9%）、铜（8.9%）、橡胶（3.4%）等；中国自印尼进口的主要商品有：矿物燃料及制品（34.4%）、矿石（20.3%）、动物和植物油脂（10.9%）、橡胶（6.8%）等。中国自这三个国家的主要进口商品均以资源产品为主，随着中国经济发展对资源依赖的加深，企业倾向于在这些国家通过投资确保稳定的资源供给。但意外的是，本书发现柬埔寨竟然是中国纺织品企业规避贸易壁垒的重要投资地区。中国自柬埔寨进口的主要产品有橡胶（30.6%）、服装及配件（29.1%）、木材（22.4%）、其他纺织品部件（5.3%），而中国出口柬埔寨的主要产品有钩织纺织品（28.7%）、电力机械等（16.6%）、棉花（13.3%）、机械部件等（7.8%）、化学短纤维（5.6%），数据意味着中国和柬埔寨之间形成了一种垂直分工体系，中国将服装中间产品（钩织纺织品、棉花、化学短纤维）输往柬埔寨，在柬埔寨的中国企业将中间产品加工成为最终产品（服装及配件）返销至中国。此外，本书进一步计算了欧盟自柬埔寨进口的主要商品，其中纺织品占74.6%，鞋帽占21.0%，更加确认了中国、柬埔寨、欧盟之间的分工体系，即当中国企业遭遇纺织品反倾销，将选择柬埔寨作为规避贸易壁垒的投资国，自中国国内进口服装中间产品在柬埔寨加工后输往中国、欧盟。综上所述，进口贸易与中国的对外直接投资具有正相关性，在对中国自四国进口结构细分研究后，本书发现中国对越南、老挝、印度尼西亚的投资倾向于自然资源获取，而对柬埔寨的投资倾向于反倾销规避动机。

lnOpen 估计结果显示出四国对外资的开放度与中国的投资负相关，但是却不显著。其原因可能在于四国的投资环境较差，难以吸引大量的外资流入，造成外资占 GDP 的比重不高甚至下降，以至于在估计过程中显示出与中国投资负相关。

第三节 本章小结

本书通过伯特兰德（Bertrand）价格博弈分析了当遭遇反倾销时，中国将如何在出口与向第三国或发起国投资之间进行选择，得到结论如下：

当企业投资临界成本小于自由贸易临界成本时，企业在自由贸易条件下和反倾销税征收条件下均会进行 OFDI。但这种情况并不会发生，因为第三国的出口运输成本高于中国，即便是在自由贸易条件下，中国企业在第三国的出口成本也要高于中国。

当企业投资临界成本高于反倾销税征收后临界成本但小于自由贸易临界成本时，中国企业在自由贸易条件下向发起国出口，但当发起国对中国实施反倾销措施时，中国便会通过在第三国OFDI规避反倾销。在自由贸易条件下，中国企业可以获得最多利润，中国在第三国从事OFDI后企业的利润较之于自由贸易条件也出现下降，但是要高于在发起国征税后的出口。自由贸易条件下中国福利高于OFDI条件下的福利效应，意味着反倾销措施的实施恶化了中国福利。产生这一结果的原因在于运输成本、沉没成本、投资的就业损失使得企业投资于第三国给中国带来的福利要小于自由贸易出口。但相比企业遭遇反倾销退出东道国市场而言，投资第三国规避反倾销是一种"次优"选择。

如果企业在第三国投资临界成本小于在发起国投资临界成本时，中国企业将在第三国生产然后出口到发起国；反之，中国企业将在发起国生产。

此外，本书以纺织业为例研究了中国向越南、老挝、柬埔寨和印度尼西亚的投资是否会由于欧盟对中国实施反倾销而增加，实证结果表明：欧盟对中国纺织业反倾销诱发了中国向越南、老挝、柬埔寨和印度尼西亚的投资，证实了对中国反倾销能够诱发中国向第三国的投资。这种投资动机除了规避贸易壁垒外，还兼有效率寻求动机而非市场寻求动机，即在中国纺织品不断遭遇反倾销并且劳动力成本不断升高的背景下，发起国更低的劳动力成本和享有的出口优惠待遇对中国对外直接投资将产生吸引，并形成中国投资发起国并向该国出口中间产品，发起国生产出最终产品返销中国及欧盟等发达国家的垂直分工格局。

第五章　反倾销对中国 FDI 效应研究

20 世纪 90 年代以来，世界分工体系最为显著的变化是垂直专业化国际分工开始占据主导地位。发达国家跨国公司作为全球价值链的主导者，根据不同生产阶段的要素密集程度将一体化的生产过程分解为不同阶段，利用发展中国家特定低级要素禀赋所决定的生产成本制造能力，通过产业资本国际转移在全球范围内实现生产资源配置，从而形成发达国家与发展中国家之间以劳动密集型工序或劳动密集型零部件生产与资本、技术、知识密集型工序或零部件的生产之间的垂直专业化分工。从全球价值链角度分析，垂直专业化分工更多地体现为发达国家与发展中国家之间俘获型网络治理关系形成，发达国家利用技术、质量等各种手段控制发展中国家以代工者身份参与一体化生产过程，在发展中国家本企业完成了工艺创新、产品创新后，继续进行价值链升级过程中将会受到发达国家跨国公司的阻击和控制，比如采取更为严格的技术进入壁垒或者贸易壁垒等迫使发展中国家的本土企业失去价值链攀升空间和能力。

在中国国内经济转型升级背景下，中国企业产品向高端升级将与发达国家跨国公司核心利益交集不断扩大，贸易摩擦将趋于更加激烈，为了实现价值链利润最大化以及抑制中国产业升级减少高端产业竞争，发达国家跨国公司倾向于利用其他发展中国家与中国之间在制造业加工环节的可替代性，向其他发展中国家转移产业资本达到降低成本并抑制中国价值链攀升目的。

基于上述分析，本书将考察对华反倾销对流入中国 FDI 究竟会有何影响？

第一节　中国国际分工地位演化

一、中国国际分工地位现状

（一）中国已经成为全球生产网络至关重要的一环

当今世界，发达国家和发展中国家之间的传统的垂直型国际分工正逐渐被"水平型"国际分工所取代。所谓水平型国际分工也就是垂直专业化分工，各国按照各自的比较优势和要素禀赋在一个产品内部不同生产阶段相互协作形成的国际分工形态。跨国公司的迅猛发展是当今国际分工形成的重要推力。据估计，世界 2/3 以上的国际贸易便是由跨国公司所推动的，跨国公司海外子公司出口占世界出口的比重达到 40% 左右。凭借在产品终端市场上对销售渠道控制优势或者拥有的技术垄断优势，跨国公司推动发展中国家在全球生产网络中按照自身的要素禀赋从事相应的生产环节，发展中国家在参与国际分工的过程中实现自身技术升级。

改革开放以来，随着外资的流入，中国也经历了融入全球生产网络由浅至深的过程。为了衡量中国融入全球生产网络程度的动态变化，本书分别计算了 2000 年、2010 年、2020 年中国与加拿大、法国、德国、日本、英国、美国、马来西亚、墨西哥、韩国、新加坡等国家或地区的中间品进出口贸易占全球中间品进出口贸易的比重，结果见表 5 - 1。中间品是参照（Lemonie & Kesenci，2002）关于贸易品所属生产阶段的划分方法，即指 BEC 代码为 42 和 53 的贸易品。

表 5 - 1　　　　　　　　　世界中间品贸易格局

国家	出口	进口	贸易额
	2000 年		
加拿大	411.6 (3.36)	704.2 (5.76)	1115.8 (4.56)
法国	591.1 (4.82)	570.8 (4.67)	1161.9 (4.75)

续表

国家	出口	进口	贸易额
	2000 年		
德国	1072.9 (8.76)	855.8 (7.00)	1928.7 (7.88)
日本	1517.0 (12.38)	549.0 (4.49)	2066.0 (8.44)
英国	591.8 (4.83)	689.3 (5.64)	1281.0 (5.23)
美国	2491.0 (20.33)	2306.5 (18.86)	4797.5 (19.60)
中国	319.7 (2.61)	545.3 (4.46)	865.0 (3.53)
马来西亚	393.0 (3.21)	395.4 (3.23)	788.4 (3.22)
墨西哥	376.1 (3.07)	539.4 (4.41)	915.5 (3.74)
韩国	476.4 (3.89)	383.6 (3.14)	860.0 (3.51)
新加坡	608.9 (4.97)	575.5 (4.71)	1184.3 (4.84)
世界	12253.4	12227.6	24481.0
	2010 年		
加拿大	389.0 (1.68)	701.8 (2.84)	1090.8 (2.28)
法国	839.1 (4.05)	904.5 (3.66)	1843.7 (3.85)
德国	2439.4 (10.51)	1871.9 (7.57)	4311.2 (9.00)
日本	2190.6 (9.44)	840.0 (3.40)	3030.7 (6.32)
英国	609.4 (2.63)	738.0 (2.99)	1347.4 (2.81)
美国	2346.0 (10.11)	2747.0 (11.11)	5093.0 (10.63)
中国	2882.7 (12.42)	3611.5 (14.61)	6494.2 (13.55)

续表

国家	出口	进口	贸易额
	2010 年		
马来西亚	575.5 (2.48)	584.1 (2.36)	1159.6 (2.42)
墨西哥	538.4 (2.32)	903.1 (3.65)	1441.5 (3.01)
韩国	1253.0 (5.40)	709.2 (2.87)	1962.2 (4.09)
新加坡	1452.2 (6.26)	1091.0 (4.41)	2543.2 (5.31)
世界	23210.0	24714.9	47924.9
	2020 年		
加拿大	342.0 (1.24)	701.8 (2.84)	1020.8 (2.13)
法国	819.1 (4.05)	904.5 (3.66)	1509 (3.15)
德国	2234.4 (8.93)	1871.9 (7.57)	4025.7 (8.4)
日本	2001.8 (10.7)	1899.3 (7.68)	3901.1 (8.14)
英国	609.4 (2.63)	738.0 (2.99)	1250.8 (2.61)
美国	1697.4 (7.3)	3129.0 (11.41)	4739.7 (9.89)
中国	2882.7 (12.42)	3611.5 (14.61)	7562.5 (15.78)
马来西亚	575.5 (2.48)	584.1 (2.36)	1174.2 (2.45)
墨西哥	538.4 (2.32)	903.1 (3.65)	1543.2 (3.22)
韩国	1253.0 (5.40)	709.2 (2.87)	1912.2 (3.99)
新加坡	1452.2 (6.26)	1091.0 (4.41)	2444.2 (5.10)
世界	23210.0	24714.9	47924.9

注：括号内数字为占世界零部件贸易额的比重；贸易额的单位为亿美元。

资料来源：笔者根据联合国 COMTRADE 数据库相关数据整理所得。

从表 5-1 世界中间品贸易格局展示的结果中，本书发现中国已经深深融入全球生产网络中，并成为生产网络中至关重要的国家。其原因在于：

首先，中国正在取代美国、日本等国家而成为中间品生产大国。

发达国家美国、加拿大、英国、法国、德国、日本零部件出口份额始终在下降，比如美国中间品出口贸易额占世界中间品贸易额比重从 2000 年 19.40% 下降至 2020 年的 9.89%，日本则从 12.38% 下降至 8.14%，然而发展中国家或地区中国、马来西亚、墨西哥、韩国、新加坡中间品出口份额却在不断上升，其中最为明显的是中国，中国中间品出口份额从 2000 年仅占 3.15% 上升至 2020 年 15.78%，在表中所列国家中居第一位，其余国家也有不同程度的上升。中国中间品出口份额的急剧扩大，意味着中国在中间品生产方面具有极强的比较优势，部分取代了美国、日本等国家的中间品生产。

其次，中国对中间品的进口需求超过美国、德国。

发达国家美国、加拿大、英国、德国、法国、日本中间品进口需求也毫无例外地逐年下降，比如美国下降最为显著，从 2000 年占世界中间品进口份额的 18.86% 下降至 2020 年的 11.41%，其余国家也有不同程度的下降；反观发展中国家或地区除了新加坡、韩国外，中国、马来西亚、墨西哥中间品进口份额均呈现出上升的态势，其中中国最为显著，从 2000 年的 545.3 亿美元占比 4.46% 大幅上升至 2020 年的 3611.5 亿美元占比 14.61%。中国 2020 年中间品进口额超过了美国、德国等传统中间品进口大国，成为表中所示国家中中间品进口需求最大的国家，其中的原因在于受中国要素禀赋所决定的以加工贸易为主的贸易方式，促成了中国对中间品的巨大需求，中国在全球生产网络中成为不可或缺的一分子，但是也被锁定在全球价值链的低端。

最后，中国超越美国、德国、日本成为中间品贸易大国。

2000 年，美国、德国、日本是中间品贸易大国，各自占世界中间品贸易总额的比重为 20.33%、8.76%、12.38%，而中国中间品贸易总额仅有 319.7 亿美元，占世界比重仅为 2.61%，此后，美国、德国、日本中间品贸易开始减少，而中国则不断上升，至 2020 年，美国、德国、日本中间品贸易占世界比重分别下降至 7.3%、8.93%、10.7%；而中国中间品贸易额达到 7562.5 亿美元，占世界比重达到 15.78%。随着中国劳动力素质的提高，研发的不断投入，中国中间品加工和制造能力不断增强，越来越多的跨国公司把生产基地设置在中国，通过中国把中间品加工成为最终品返回母国，中国也因此成为超越美国、德国、日本的中间品贸易大国。

（二）俘获型网络价值链治理模式将中国锁定在全球价值链低端

根据刘志彪和张杰（2007）的定义，俘获型网络价值链治理模式是指在全球价值链中，发达国家的大购买商或者跨国公司作为价值链的控制者，利用各种手段如：技术、质量、交货方式、库存及价格等控制发展中国家以代工者身份参与其价值链体系的本土企业或网络的技术赶超和价值链攀升进程。

表5－2展示出1995年、2004年电子制造业国际分工的地区格局，从中可以更清楚地展现发展中国家当前价值链低端的国际分工地位。1995年，发达国家在电子制造业零部件的进口和出口贸易中占有数量的绝对优势，而发展中国家则具有零部件生产的比较优势；此外在电子制造业最终产品中，发达国家仍然占据进口和出口数量的绝对优势，而发展中国家则拥有生产最终产品的相对优势，这些意味着发达国家处于价值链的高端，利用掌握的核心技术输入零部件进口最终产品，而发展中国家在价值链中处于低端，通过输入零部件出口最终产品获得加工利益，最显著的特征是发展中国在电子制造业最终产品的进口额上远远小于发达国家。2004年延续了这一趋势，暗示着发展中国家企业通过参与全球价值链生产活动完成了工艺创新、产品创新后，在实现价值链功能性攀升的过程中遭到了发达国家的打击和控制，被迫失去了价值链功能性攀升的空间和活动能力。

表5－2　　　　　　　　　电子制造业国际分工的地区格局

国家/地区	零部件产品		最终产品	
	进口（出口）	显性比较优势	进口（出口）	显性比较优势
1995 年				
美国	700（613）	1.65	414（224）	0.60
日本	206（623）	2.22	107（290）	1.03
德国	253（261）	0.96	169（194）	0.72
法国	93（104）	0.55	98（94）	0.49
中国	124（72）	0.76	66（108）	1.15

国家/地区	零部件产品		最终产品	
	进口（出口）	显性比较优势	进口（出口）	显性比较优势
马来西亚	139 （195）	4.16	28 （107）	2.28
墨西哥	89 （107）	2.12	34 （85）	1.69
韩国	114 （268）	4.41	36 （91）	1.50
2004 年				
美国	1091 （819）	1.83	1041 （320）	0.71
日本	368 （709）	2.28	172 （317）	1.02
德国	492 （497）	0.99	393 （456）	0.91
法国	135 （144）	0.58	189 （150）	0.60
中国	1070 （757）	2.32	168 （722）	2.21
马来西亚	219 （327）	4.69	48 （113）	1.62
墨西哥	259 （275）	2.66	95 （217）	2.10
韩国	296 （379）	2.71	81 （318）	2.28

资料来源：笔者根据徐康宁和王剑（2006）相关内容整理所得。

　　反观中国，在改革开放之初中国凭借丰富的劳动力资源等低级要素禀赋形成的低生产成本制造业竞争优势，与韩国、马来西亚、墨西哥等国家或地区展开竞争，积极引进外资发展加工贸易争取更多的代工机会，并大力引入新生产设备和生产工艺，以实现更高的生产效率和更低的生产成本。通过参与国际分工，中国制造业竞争力得到提升，但是中国仍然处于全球价值链低端的境况没有改变。表5-2可以充分说明这一问题，1995年中国电子制造业零部件显性比较优势为0.76，最终产品显性比较优势为1.15，与在所列发展中国家相比显然均不具有比较优势，但是到2004年，中国零部件显性比较优势上升为2.32，最终产品比较优势上升为2.21，零部件比较优势与其他国家在缩小，而最终产品比较优势超过了马来西亚和墨西哥，意味着通过参与全球生产网络，中国电子制造业的竞争力确是得到了提升。

郭庆旺和贾俊雪（2005）利用索洛残差法、隐形变量法和潜在产出法测算的 1978～2004 年中国全要素生产率表明，相比较改革开放之初，中国生产率呈现出上升态势。尽管如此，一个重要的事实是中国仍然被锁定在价值链的低端，通过承接发达国家不具备竞争力产业的转移，抑或引进在发达国家已经被"淘汰"但在我国尚属先进的设备，实现了加工能力的升级，这样的后果是中国最终产品生产能力得到了扩张，但是高端零部件的研发能力受到了抑制，如 1995 年中国零部件贸易为逆差，而最终产品贸易为顺差，而到 2004 年零部件贸易额和最终产品贸易额均出现了扩张，但是贸易格局却未发生变化。

二、中国国际分工成因

（一）要素禀赋与国际分工

古典国际贸易理论在论述国家间贸易产生的原因时，认为产品生产成本的绝对和相对差异是贸易产生的源泉，此后新古典贸易理论则强调了产品生产成本差异的根源，认为一国要素禀赋结构决定了要素价格，从而导致不同要素密集度产品的生产成本存在差异，当一国参加国际贸易后，国家间要素价格将趋于均等化。由此可见，要素禀赋决定了一国尤其是发展中国家参与国际分工的水平。

当今世界分工格局中，发展中国家以丰裕的劳动力要素禀赋参与国际分工这一趋势不断得到加强。徐康宁和王剑（2006）通过利用制造业工资和人均 GDP 分别衡量劳动和资本技术要素的禀赋，以零部件进出口贸易比例衡量国际分工格局所处的位置后发现，发达国家具有相对丰裕的资本技术要素，稀缺的劳动力资源，在国际分工中成为零部件的供应方，而发展中国家丰裕的劳动力要素禀赋成为零部件的进口方，这一趋势伴随着发达国家资本技术要素的积累和劳动成本的上升而得到加强。

作为最大发展中国家的中国，其国际分工格局的形成与要素禀赋结构息息相关。本书以制造业为例进行说明。笔者以职工平均工资来衡量中国制造业劳动力要素禀赋；以固定资产新增投资来衡量中国制造业资本要素禀赋。按照 UNCAD 的统计，将制成品出口分为低技术含量、中等技术含量、高技术含量三种类型，分别计算了三种类型制成品的出口/进口的值以衡量制成品的竞争力。同时，笔者还在表中列示了制造业的外资流入以分析外资在决定国际分工中的作用。结果见表 5 - 3。改革开放以来，尽管中国要素禀赋结构逐渐改变，但是根本性变化却尚未产生。1989 ~ 1994 年资本积累速度除 1992 年外均高于人均工资增长率，由于 1992 ~ 1994 年中国经济 3 年超高速增长，固定资产投资大幅增加，如 1993 年新增固定资产投资增长率高达 54.1%，导致经济出现通货膨胀，从 1993 年 6 月下旬中央政府加强宏观调控，经济增速开始下降，从 1995 年开始新增固定资产投资增长率小于工资增长率，1997 年爆发亚洲金融危机更是加剧了固定资产投资率的下降，如 1998 年、2000 年新增固定资产投资增长率出现负增长。但从 2010 年开始新增固定资产投资增长率始终超过人均工资增长率。中国制造业资本积累速度之所以不断上升，原因在于现阶段中国低素质劳动力资源相对丰裕，而资本相对稀缺，相对劳动力在制造业行业资本能够获得更多的边际产出，因此也能够导致更多的资本流入，所以资本积累的速度要高于劳动力工资增长率。这就意味着中国要素禀赋结构尚未发生根本性变化，在国际分工中依然处于低端，这一点从中国出口商品结构可以看出。在中国制成品出口中，中国低科技含量制成品出口远远高于进口，并呈现出扩大的趋势，如 1995 年低科技含量制成品的出口为进口的 1.4 倍，2005 年扩大至 1.75 倍，而 2020 年则扩大至 3.2 倍，中等技术含量和高技术含量制成品的出口则呈现出缓慢增长态势。这充分说明中国目前制成品竞争优势依然依赖于丰裕的低素质劳动力要素禀赋，充当发达国家的代工者，在全球价值链中处于被俘获地位。

表 5 - 3　　　　　中国制造业要素禀赋结构、外资流入与进出口　　　　单位：%

年份	人均工资增长率	新增固定资产投资增长率	FDI 增长率	制成品进出口比例		
				低技术含量制品	中等技术含量制品	高技术含量制品
1990	0.091	0.227				
1995	0.207	0.160		1.401	0.461	0.754
2000	0.123	-0.226		1.728	0.820	0.753
2005	0.118	0.471	-0.013	2.055	0.979	0.975
2010	0.153	0.209	0.060	3.871	1.134	1.119
2015	0.196	0.463	0.055	3.873	1.268	1.240
2020	0.210	0.564	0.076	3.6500	1.349	1.354

资料来源：人均工资、新增固定资产投资数据由笔者根据 2004 ~ 2021 年《中国统计年鉴》相关数据整理所得；外资流入数据由笔者根据中经网—中国经济统计数据库相关数据整理所得；制成品进出口比例数据由笔者根据 UNCAD 数据库相关数据整理所得。

（二）跨国公司与国际分工

二战以后，跨国公司的迅猛发展使其成为国际分工的主导者。中国国际分工地位的形成与跨国公司在华投资密不可分。20 世纪 80 年代以来，跨国公司以委托加工（三来一补）或者合资企业形式在中国设立企业，将中国纳入全球生产网络，如今中国进出口贸易商品中已经有一半以上均为外商投资企业所生产（见表 5 - 4），而在 1995 年这一比例还只有 39.1%，其中出口的 31.5%，进口的 47.7% 为外商投资企业所生产。

表 5 - 4 　　　　　　　　外商投资企业货物贸易占全部贸易比重

年份	进出口	出口	进口
1995	0.391	0.315	0.477
2000	0.499	0.479	0.521
2005	0.585	0.583	0.587
2010	0.538	0.546	0.529
2015	0.563	0.555	0.545
2020	0.512	0.563	0.552

资料来源：笔者根据 1996～2011 年《中国统计年鉴》相关数据整理所得。

跨国公司从对中国参与垂直专业化分工驱动模式可以分为生产者驱动和购买者驱动两种。

在生产者驱动模式下，拥有技术优势的跨国公司，通过在中国投资转移适合于劳动密集型的设备和技术，将加工环节外包给中国，与母国形成产业上下游联系，从而形成跨国公司主导的全球生产网络体系。在这种模式下，跨国公司拥有对关键环节核心技术的把握，而中国则依赖于低级要素禀赋形成的低生产成本能力，中国的优势体现在价值链生产环节的优势，中国与发达国家之间也是基于价值链不同环节的分工。生产者驱动模式下，中国和发达国家之间贸易格局往往是中国进口中间商品，出口最终商品，而发达国家正好相反。

在购买者驱动模式下，拥有终端销售渠道、品牌等购买垄断力量的跨国公司，通过在中国采购和 OEM 生产而形成跨国商品流通网络，带动对中国本土企业产品的需求，促进中国的出口规模。此外，随着发达国家对产品质量、环保、安全要求的提高，中国本土企业不得不通过提高工艺和产品技术提高产品性能以满足发达国家采购商快速变化的质量要求，而产品的即时供货能力、生产能力和大规模定制能力也成为中国企业必须面对的供货要求，种种近似苛刻的要求无疑会促进中国企业的工艺升级能力。

跨国公司生产者驱动和购买者驱动两种模式共同决定了中国在全球价值链中的垂直专业化分工，而中国通过参与跨国公司所主导的垂直专业化分工形成了大规模的加工组装业优势和巨大的市场规模，为中国实现产业链的升级提供了内在保障。

第二节　反倾销与中国 FDI：理论分析

一、反倾销对垂直分工 FDI 影响

假设只有三个国家分别是发起国、中国和第三国，发起国是发达国家，拥有核心技术优势，第三国是和中国同为发展中国家，两国均具有丰富的劳动力资源，在争取跨国公司劳动密集型产业转移方面相互竞争，假设中国劳动力成本低于第三国。由于具有核心技术优势，发起国将技术和资本密集度高的研发部门放在本国，将劳动密集型的加工部门外包出去给劳动成本最低的国家。反倾销对垂直分工 FDI 影响如图 5 - 1 所示。

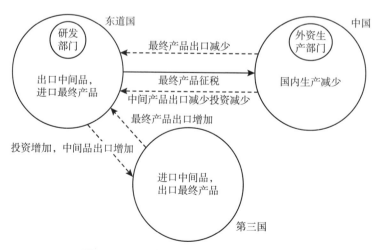

图 5 - 1　反倾销对垂直分工 FDI 影响图示

在上述假设下，发起国通过在中国设立子公司（通常为加工贸易型合资企业）进行生产，中国和发起国之间形成的贸易格局是，发起国将向中国出口中间品，而中国的合资公司将加工完成的最终产品返销至发起国，中国和发起国之间形成生产者驱动的垂直化专业分工。由于最终产品生产成本包含中间品成本和加工成本，因此最终产品出口额必定高于中间品进口额，这样就会导致发起国和中国之间存在贸易逆差，从而引发发起国行业损害抱怨。发起国最终产品所在行业以存在行业损害为由对中国发起反倾销。反倾销势必导致发起国在中国的子公司最终产品出口成本上升，如果反倾销税超过中国和第三国之间的劳动成本差异，那么发起国将考虑将把在中国的子公司转移至第三国进行生产，这样中国的 FDI 存量就会减少，并有可能导致中国国内产出下降。三个国家之间的贸易格局也会相应发生变化，发起国向中国出口中间品将会减少，中国向发起国出口最终产品也会相应减少；发起国向第三国出口中间品将会增加，第三国向发起国出口最终产品也相应增加。

二、反倾销对水平分工 FDI 影响

在现实中，由于中国劳动力资源丰富并且劳动成本低廉，除了以加工贸易方式参与垂直专业化国际分工外，还存在以劳动密集型产品出口参与产业间水平型国际分工的趋势。在发达国家和新兴工业化国家中其国内劳动力要素相对于资本和技术要素是稀缺的，劳动密集型产业因劳动力成本上升而缺乏竞争力处于生命周期衰退阶段，发达国家和新兴工业化国家跨国公司倾向于将本国不具有竞争力但在中国仍处于生命周期成长期的产业进行转移，而本国国内需求由其在中国投资建立的企业生产进行满足，由此而形成的贸易格局是，中国向发达国家和新兴工业化国家的劳动密集型产品出口将增加，形成了产业间水平分工格局。中国因为外资的流入而放大了中国与发达国家和新兴工业化国家之间的贸易逆差规模时，便会引发这些国家国内劳动密集型行业损害抱怨，转而向政府请求实施反倾销调查，中国纺织品频繁遭遇反倾销调查便是例证。

中国劳动密集型行业遭遇反倾销将增加产品出口成本，对以效率寻求动机的 FDI 势必构成不利影响，跨国公司为了实现成本最小化会把子公司从中国转移至成本更低的发展中国家进行生产，中国劳动密集型行业 FDI 存量将会减少，中国向发达国家或新兴工业化国家的劳动密集型产品出口也将减少。

第三节　对华反倾销与中国 FDI 影响：实证分析

一、模型构建

本书主要考察的是行业 FDI 是否会由于中国遭遇反倾销而减少，因此在计量模型中，因变量为行业 FDI，自变量为行业遭遇的反倾销（AD_{it}）。其余控制变量的选取参照了李永军（2003），贝尔德斯（Belderbos，1997），布洛尼根和佩格尔（Blonigen & Piger，2011）的计量模型分别为：行业出口规模（ex_{it}）、劳动成本（$cost_{it}$）、市场规模（$scale_{it}$）、市场结构（mc_{it}）。本书计量模型为：

$$\ln FDI_{it} = \alpha + \beta_1 AD_{it} + \beta_2 ex_{it} + \beta_3 \ln cost_{it} + \beta_4 \ln scale_{it} + \beta_5 mc_{it} + \varepsilon_{it} \quad (5.1)$$

二、数据来源

（一）变量数据来源。

基于数据的可获得性，本书利用 2003 ~ 2019 年 FDI 及反倾销数据进行实证分析。

FDI_{it} 为行业 FDI 存量，数据来源于中经网统计数据库。

AD_{it} 为 i 行业在 t 年被裁定为反倾销的数量，笔者利用前文对于 AD 的衡量方法进行了整理，即：$SAD_{i,t} = \sum_{t=1}^{n} AD_{i,t}$（$t = 1$，2，$\cdots$，$n$），所用数据来源于世界银行临时性贸易壁垒数据库。

ex_{it} 为 i 行业出口交货值与销售产值之比，用以衡量该行业出口规模，比值越高意味着该行业出口规模越大，越容易吸引以出口为导向的效率寻求型 FDI，比值越小意味着出口规模越小，对 FDI 越不构成吸引。

$cost_{it}$ 为劳动成本，劳动成本越低越能够吸引效率寻求动机 FDI，反之则对 FDI 不构成吸引，在实证分析中以 i 行业平均资本密集度代替，计算公式为：人均资本 = 资产/全部从业人员数。

市场规模 $scale_{it}$ 以销售产值来代替，市场规模越大越能够吸引市场寻求动机 FDI。

市场结构 mc_{it} 以销售利润率来代替，如果 i 行业垄断程度高，则该行业利润率势必较高，反之如果 i 行业趋于完全竞争，则该行业利润率势必较低并可能趋于 0。行业出口交货值、销售产值、资产、全部从业人员数、销售利润率数据来源于中经网统计数据库。

（二）行业编码转换

本书选取纺织原料及纺织制品、化学工业及其相关工业的产品及机器、机械器具、电气设备及其零件；录音机及放声机、电视图像、声音的录制和重放设备及其零件、附件三个行业进行实证分析。

按照第二章表 2 - 21 编码转换，笔者按照 HS 编码将国民经济行业分类下的产业数据汇总或平均得到行业出口交货值、销售产值、资产、全部从业人员数、销售利润率数据。比如 HS 编码下纺织业对应着国民经济行业分类下纺织业、纺织服装、服饰业、化学纤维制造业，笔者将这三种产业的相关数据汇总或平均得到 HS 编码下纺织业各个自变量数据。数据描述性统计及相关系数如表 5 - 5、表 5 - 6 所示。

表 5 - 5　数据统计性描述

项目	平均值	最大值	最小值	标准差
FDI	3134. 127	8450. 7	1392. 31	1732. 041
AD	32. 343	106	1	27. 003
EX	0. 184	0. 446	0. 062	0. 089
COST	401. 464	1034. 322	143. 5334	207. 1701
SCALE	3000000000	7500000000	933000000	1630000000
MC	0. 058967	0. 0844	0. 029267	0. 017242

表 5 - 6　相关系数检验

项目	AD	EX	COST	SCALE	MC
AD	1				
EX	- 0. 582	1			
COST	0. 683	- 0. 929	1		
SCALE	0. 924	- 0. 441	0. 617	1	
MC	0. 477	- 0. 921	0. 922	0. 377	1

表 5 - 6 显示，AD 与 SCALE、EX 与 COST 和 MC、COST 和 MC 之间均具有高度相关性，因此笔者在实证中分别将 EX、COST、MC、SCALE 纳入模型。

（三）实证结果讨论

表 5 - 7   模型估计结果

解释变量	模型 1	模型 2	模型 3	模型 4	模型 5
	FE	FE	RE	FE	FE
AD	−0.024 *** （−2.855）	−0.027 *** （−5.103）	−0.011 （−2.133）	−0.024 *** （−3.790）	−0.022 *** （−4.553）
EX	−4.45 *** （−3.112）				5.657 ** （3.789）
lnCOST		0.961 *** （7.094）			2.113 *** （6.342）
lnSCALE			0.658 （1.439）		0.248 （0.568）
MC				0.338 *** 6.126	−0.204 （−0.984）
观测值	66	66	66	66	66
Hausman	6.55 **	12.445 ***	1.432	13.455 ***	12.671 **
调整后 R^2	0.162	0.576	0.056	0.883	0.866

注： *** 、 ** 分别表示能通过 1%、5% 水平的显著性检验；FE 为固定效应模型，RE 为随机效应模型；本书利用 Hausman 检验确定模型为固定效应还是随机效应模型。

模型 1 ~ 4 为分别将变量 EX、COST、MC、SCALE 引入模型得到的实证结果，模型 5 则为将全部变量纳入模型得到的结果。结合实证结果，我们发现：

（1）对中国实施的反倾销减少了流入中国的 FDI。除了模型 4 外，其余模型均在 1% 的显著水平确认了对华实施反倾销与中国 FDI 之间的负相关关系。模型 4 系数不显著的原因在于 AD 与 SCALE 之间具有高度相关性，因此导致了模型估计结果有偏。实证结果证明，在其他条件不变的情况下，当针对中国实施的反倾销每增加 1 例时，流入中国的 FDI 将减少 0.02%。反倾销的频繁发生，不但对中国出口贸易构成了威胁，而且还对流入中国的 FDI 构成的负面影响。就本书所选取的行业样本来说，中国遭遇反倾销的行业要素禀赋往往以劳动密集型为主，而外资流入中国很重要的原因就在于劳动成本最小化的效率寻求，一旦反倾销让中国劳动力优势不复存在，基于成本最小化的考虑外资势必去成本更低的国家进行投资。据联合国贸易和发展会议 2012 年的一份年度调查报告显示，由于东亚国家特别是中国的生产成本保持上升态势，东盟各国在制造业上的相对竞争力继续增强。耐克运动鞋工厂从中国转移到越南就说明了这一点。2000年，中国生产了全世界 40% 的耐克鞋，而越南当时只占 13%。随后，中国产量逐步下滑，越南的产量逐年提升。2009 年，中国和越南的耐克鞋产量均占全世界 36%。而 2010 年，越南取代中国成为世界最大耐克鞋生产国。受疫情影响，虽然 2020 年全球纺织业衰减 25% 以上，但越南纺织品出口额依旧上升至世界第二。尽管生产成本上升有多方面的原因，但是中国不断遭遇的包括反倾销在内的各种贸易壁垒是导致生产成本上升的重要原因。

（2）出口规模在模型 1 和模型 5 中尽管都非常显著，但是得到的结果却截然相反。如果考虑到模型 5 中存在的共线性问题以致结果有偏的话，那么就可以接受模型 1 的估计结果，出口规模与 FDI 负相关，这与本书预期相反，其原因可能在于 FDI 的减少可能会抑制出口的增加，而不是既有出口规模吸引 FDI 的增加。

（3）劳动成本对 FDI 构成正向吸引。由于缺乏行业工资数据，笔者以人均资本衡量劳动成本，人均资本越多意味着劳动力效率越高，劳动成本也越低，对外资的吸引力也越大。模型 2 和模型 5 实证结果显示，人均资本与 FDI 二者之间正相关。如果不考虑存在共线性的模型 5，模型 2 结果表明人均资本每增加 1%，FDI 也将增加近 1%。说明不断提高人均资本水平，降低劳动成本有助于 FDI 的流入。

（4）市场垄断越高则 FDI 流入越多。模型 4 显示出市场垄断程度越高，则 FDI 流入越多，这是由于中国国内市场具有垄断力量的本土厂商竞争实力要远远弱于发达国家跨国公司，凭借强大竞争优势的跨国公司更愿意进入因垄断造成的高额利润行业。市场规模无论在模型 3 还是在模型 5 中均不显著，这可能是由于跨国公司更注重出口而非中国本土市场。

综上所述，通过利用行业数据本书发现针对中国的反倾销增加了出口商品成本，对以获取廉价劳动力为目的的效率寻求动机 FDI 的流入产生了抑制作用。

第四节 本章小结

（1）发达国家依托技术优势占据全球价值链高附加值环节，而低附加值环节则外包给包括中国在内的劳动力、土地等生产要素廉价的发展中国家或地区，某种程度上使得这些发展中国家或地区成为发达国家的依附。当中国实现技术升级并向链的升级攀升时，发达国家凭借技术优势制造贸易壁垒将中国锁定在全球价值链低端。

除了要素禀赋外，在华的跨国公司对中国国际分工地位也起着重要作用，跨国公司通过在华设立从事加工贸易的分支机构，与中国之间形成"中间品进口，最终产品出口"的分工模式，这会导致中国与其母国之间存在贸易逆差，进而引发对中国的反倾销。跨国公司因中国低廉劳动而将劳动密集型低技术产业转移至中国也会导致中国与跨国公司母国间贸易逆差的扩大，这种情况也会使得针对中国的反倾销加剧。企业凭借加工贸易"干中学"积累了丰富的产品生产经验，迫于反倾销的压力，这部分企业有可能将产业转移至第三国以规避反倾销。

（2）本书利用纺织原料及纺织制品、化学工业及其相关工业的产品及机器、机械器具、电气设备及其零件；录音机及放声机、电视图像、声音的录制和重放设备及其零件、附件三个行业进行实证分析后发现，对中国实施的反倾销减少了流入中国的 FDI。在其他条件不变的情况下，当针对中国实施的反倾销每增加 1 例时，流入中国的 FDI 将减少 0.02%。

第六章 研究结论与政策启示

中国从贸易大国向贸易强国挺进过程中，对华贸易摩擦也呈现出加剧的趋势。当企业遭遇反倾销等贸易壁垒时通常被迫退出发起国市场，这背后原因在于企业竞争优势多源于国内丰裕的不可转移的劳动力要素禀赋。但可喜的是，中国已经有越来越多的企业开始注重向资本、技术竞争优势转变，当面临反倾销等贸易壁垒阻击时，部分企业具备了从事 OFDI 规避贸易壁垒的条件。但另一方面，对华反倾销的频繁实施因其提高了企业出口成本对国内制造业 FDI 的流入却显然不利。本书研究了反倾销对中国资本的流出和流入将产生何种影响，以期为中国企业 OFDI 提供理论借鉴。

第一节 研究结论

首先，本书在二战后特别是 20 世纪 90 年代以来，世界经济多极化趋势不断深化，关税壁垒的不断削减，世界经济周期波动性增强，国家间竞争加剧背景下，通过追溯反倾销发展历史挖掘反倾销发展规律，结合世界经济形势剖析了反倾销发展特点，结合中国俘获型网络治理关系决定国际分工地位分析了反倾销对华影响，本书发现：

（1）反倾销政策最初作为消除不公平竞争而登上历史舞台，如今由于其合法性和好用性已经逐渐由维护贸易公平措施变成各国政府相机抉择贸易保护工具首选。反倾销与经济周期具有密切相关性，当经济衰退时，反倾销的使用必然频繁出现，而经济向好时，则反倾销的使用就会减少。反倾销与关税二者此消彼长。传统贸易保护手段关税壁垒作用日渐式微，而反倾销却渐趋大行其道。不仅是发达国家，发展中国家也越来越熟练地使用反倾销，并且在所有可能影响本国企业利益的产业都有反倾销的存在。

（2）产业升级转型过程中，中国高科技产业势必与发达国家构成竞争，依然存在的劳动密集型产业势必与发展中国家构成竞争，因此，高科技和劳动密集型产业面临的反倾销都在增多。中国以低廉劳动力嵌入全球价值链分工势必使得中间产品的出口增加，这引发了对中间产品反倾销的增加。面对反倾销的实施，维权意识和能力的不足迫使中国企业不得不退出东道国市场，并在此后的若干年间无法进入该国市场，反倾销的伤害持续存在。

其次，本书利用寡头垄断模型研究了反倾销诱发中国向发起国或第三国投资的机制，本书发现：

（1）在中国企业具备向发起国投资竞争优势时，企业的行为选择为：

如果企业投资成本小于自由贸易临界成本，此时企业会选择在发起国投资，投资获得利润高于自由贸易条件下出口利润。但由于企业将生产转移至东道国，中国将承受产业转移带来的就业损失，如果失业的增加不会影响中国的工资水平，那么投资就会带来中国福利的增加。

如果企业投资成本大于自由贸易条件下的临界成本值，但是小于征收反倾销税条件下的临界成本值。在自由贸易条件下，中国企业会通过出口服务发起国市场，但是一旦发起国征收反倾销税，具有成本优势的中国企业就会选择投资。由于沉没成本的存在，企业 OFDI 的利润与自由贸易下出口的利润相比存在不确定性。反倾销诱发的中国企业投资行为将使得中国产生福利损失，这种损失是因为投资使得产业转移进而带来中国就业的减少和沉没成本。

如果企业投资成本大于反倾销税条件下临界成本，则无论是在自由贸易条件下还是在发起国征收反倾销税情况下，企业均会选择出口，这时候中国企业的成本优势足够大以至于征收反倾销税后仍然不能抵消。自由贸易条件下出口利润高于反倾销税征收条件下出口利润。反倾销税征收有可能导致中国企业退出发起国市场，即便仍然维持出口，其福利损失将小于自由贸易条件下的福利。

（2）在中国企业不具备向发起国投资竞争优势，但是具备向第三国投资竞争优势，企业行为选择为：

企业投资临界成本与自由贸易临界成本的比较决定了企业无论是否有反倾销均会进行 OFDI，但由于出口第三国运输成本的存在，这种情况并不会发生。

企业投资临界成本比反倾销实施后临界成本高但比自由贸易临界成本低时，中国企业在自由贸易下会向东道国出口，但东道国实施反倾销时，中国企业会投资第三国来予以规避。自由贸易条件下，中国企业的利润最大化，而企业投资第三国的利润则会减少但依旧高于反倾销税下的出口。

自由贸易下的福利高于 OFDI 下的福利，说明反倾销恶化了中国福利。运输成本带来的利润损失，沉没成本带来的机会成本，产业转移带来的就业损失，三者将使得企业投资第三国的福利要小于自由贸易。尽管如此，相比较因反倾销退出东道国市场而言，投资第三国也是一种不得已而为之选择。

如果企业在第三国投资临界成本小于在发起国投资临界成本时，中国企业将在第三国生产然后出口到发起国；反之，中国企业将在发起国生产。

再次，本书利用中国相关数据实证分析了反倾销对中国 OFDI 将产生何种影响，本书结论为：

（1）与未对中国实施非关税壁垒的国家相比，对中国实施反倾销和特保措施的国家会显著引发中国 OFDI。

（2）发起国对中国反倾销措施能够显著诱发中国 OFDI。本书以 21 个国家为样本对反倾销诱发中国 OFDI 进行了实证分析，结果发现反倾销的发起能够诱发中国对该国的 OFDI，无论对于发达国家还是发展中国家，该结论均是稳健的。

（3）反倾销措施对中国 OFDI 的诱发具有时间效应，即由于反倾销影响的持续性，中国 OFDI 会显著响应于发起国较早对中国实施的反倾销措施，特别是发起国已经对中国实施 5～7 年的反倾销会显著影响当期的中国 OF-DI。由于企业去海外投资需要有一定的考察和准备期间，因此，当发起国对中国实施反倾销并不会马上引起企业投资行为，中国对外直接投资更多地响应于前期反倾销的持续性影响而非当期的实施数量

（4）反倾销发起国因经济衰退或贸易失衡而对中国发起的反倾销可能并不会引发中国企业对其的投资，其原因是经济衰退或贸易失衡可能意味着企业投资该国的预期收益存在不确定性，因而企业即便遭遇反倾销也不会对其进行投资。

（5）发起国失业增加而引起的反倾销会强化中国企业反倾销跨越型投资，这是由于发起国失业上升引起的反倾销，一是会加大中国企业出口贸易成本，从而引发跨越型投资；二是当发起国失业率较高时，该国劳动力成本会降低，劳动力更方便被雇用，企业在当地生产成本会进一步降低，这也构成了对中国企业的吸引力。

（6）欧盟对中国纺织业反倾销诱发了中国向越南、老挝、柬埔寨和印度尼西亚的投资，证实了对中国反倾销能够诱发中国向第三国的投资。这种投资不仅具有规避贸易壁垒的动机，而且还具有效率寻求型动机。也就

是说中国纺织品遭遇反倾销增多的同时，纺织业的劳动成本也在不断攀升，反倾销发起国低廉的劳动力成本和出口便利化对中国企业将产生吸引，最终形成中国企业对东道国投资并向该国出口中间产品，东道国生产最终产品并出口中国及发达国家的国际分工格局。

最后，本书从中国国际分工视角分析了反倾销如何影响中国 FDI 的理论机制，并利用行业数据进行实证分析，本书发现：

（1）虽然中国正努力打造技术优势进而占据全球价值链高端，但受"卡脖子"零部件和技术的约束，中国在全球价值链分工中还普遍存在被俘获的情形。当中国凭借技术升级向全球价值链高端攀升时，发达国家依据技术优势构筑贸易壁垒将中国继续锁定在全球价值链低端。

（2）跨国公司因中国廉价生产要素而实施的产业转移使得中国与跨国公司母国间形成"中间品进口，最终产品出口"的分工模式，这种分工模式容易使得中国与跨国公司母公司之间形成贸易逆差，而贸易逆差是引发反倾销的直接因素，因此我们就不难发现发达国家对中国反倾销发起和实施次数的增加。随着中国"干中学"，通过加工贸易积累了低技术产业的生产经验，当面对反倾销的增加，中国也会将部分低技术产业的生产转向第三国。

（3）通过对纺织业、化工业、家电业的实证分析，本书发现对中国的反倾销抑制了流入中国的 FDI。在其他条件不变的情况下，当针对中国实施的反倾销每增加 1 例时，流入中国的 FDI 将减少 0.02%。

第二节 政策启示

通过本书研究，可以得到以下政策启示：

一、加速企业竞争优势向依靠技术进步方向转变

当遭遇反倾销时，只要企业具备内生竞争优势可以生产差异化产品就可以减少反倾销损害。当今世界上，企业竞争优势正在从物质资产竞争优势向知识资产竞争优势转变。改革开放以来，中国出口企业依赖廉价劳动力、土地等要素投入仅仅实现出口量的增长，而非质的增长，为了应对频繁的反倾销企业只有转变生产经营方式，从依赖要素投入转向依赖技术进

步才有可能化解贸易摩擦。

本书认为政府可以从三个方面提高企业竞争优势。

从长期来说，中国应强化中、低技术产品升级与高技术产品发展来提升出口产品技术水平的战略。技术水平高低是影响进口需求弹性和中国出口产品贸易限制程度的关键因素，对此中国政府应从两方面着手予以应对：其一、激励中、低技术产品生产企业"原地起高楼"。中、低技术出口产品的贸易限制程度高是因为多数国家均具备此类产品生产能力，然此类产品贸易限制程度低的高技术环节则多数国家缺乏生产能力，这意味着推进中、低技术产品向高技术环节升级是摆脱贸易限制的重要手段，因此中国政府应激励中、低技术产品生产企业向此类产品高技术环节渗透。其二、鼓励企业围绕高技术产品生产进行资源配置。值得注意的是高技术产品也存在低端环节，过于强调产品高技术属性而忽略企业对高技术产品生产环节的低端切入同样会面临较高贸易限制，因此政府应引导企业围绕高技术产品高技术环节进行资源配置。

从中期来说，中国应基于现有要素禀赋结构构建面向中低、低收入国家且以中国为核心的供应链。要素禀赋结构变化使中国在一些产品生产上已然拥有技术优势，构建向中低、低收入国家出口中间产品而中国复进口最终产品的供应链具有现实基础，打造以中国为核心的供应链可有效降低中低、低收入国家对中国出口产品的贸易限制。

从短期来说，中国应积极推进与不同收入水平国家间的贸易便利化建设。贸易便利化建设可以消弭除关税以外的各种隐性贸易限制，进而降低企业交易成本，同时也是长期、中期目标实现的"润滑剂"。推进贸易便利化建设应从广度和深度两方面着手：从广度方面，基于运输成本降低推进中国与各国间公路、铁路、空运、水运等交通设施网络建设，基于通关成本降低推进中国与各国间企业经营国际互认、检验检疫国际互认、电子形式贸易数据和文件国际互认等海关通关便利化，基于贸易收支成本降低实施贸易收支流程优化、企业外汇资金使用便利化等措施。从深度方面，一是在坚持多边贸易规则前提下，基于贸易业态变化就电子商务、数字贸易、中小企业等议题展开诸边谈判；二是基于单边主义、贸易保护主义对全球多边贸易体制的严峻挑战，推进与相关国家的自由贸易协定谈判，以区域自贸协定提升区域贸易便利化水平，进而降低中国出口产品贸易限制。

二、积极培育国内消费市场

中国国内市场容量和"接力棒"式多层次消费者需求结构，对于消化中国强大产能，摆脱培育企业核心竞争力起着关键作用。当今世界经济恢复遥遥无期，对依赖国际市场程度较高的劳动密集型加工企业来说，把销售市场转向国内无疑是一个良好的契机。随着中产阶级兴起，我国消费结构正由"哑铃型"向"橄榄型"转变。由此，逐步形成低、中、高层次搭配、"接力棒"式市场需求结构空间。这就为企业提供了创造品牌、培养市场实力、构建核心竞争力提供了机遇，也是减少反倾销损害的途径。

三、鼓励企业集约式投资

当遭遇反倾销时，往往中小企业受到的损失最为严重，因此他们迫切希望通过投资化解反倾销的消极影响，但是在海外投资过程中因发起国上、下游产业链不健全而导致企业经营风险加大，这就需要国内相关企业抱团在海外投资，通过企业集群式的 OFDI，使得上下游关联企业通过分工相互协作，最大限度降低企业经营风险，从而使企业海外投资呈现良性发展的态势。

四、建立完善的信息服务体系

我国企业对外直接投资尚属起步阶段，难以把握变幻莫测、错综复杂发起国的政治、经济、法律环境，政府需要为企业经营提供必要的信息收集和反馈系统。更重要的是中国企业在国内经营形成的恶性竞争不可以避免地被带到国际市场，容易遭到发起国政府、消费者的抵制，甚至容易被第三国的企业所利用，造成我国企业自相残杀，两败俱伤，这就需要政府在企业国外经营上强化监督，避免恶性竞争情况的发生。

五、加强融资支持力度

尽管遭遇反倾销后，企业具有在国外投资规避反倾销的动机，但是企业跨国经营风险较大，对国外银行和保险公司不熟悉，国内银行和保险公司往往有不具备辐射海外市场的能力，企业将不可避免地遇到融资困难的问题，特别是民营企业遭遇的外部阻力更大。这就需要国家为具有发展潜力的企业提供扶持，方便企业贷款或融资。

主要参考文献

[1] 保建云. 新贸易保护主义的新发展与中国的战略性贸易政策选择——基于弱势产业与贸易保护有效性的分析 [J]. 国际贸易问题, 2007 (5).

[2] 鲍晓华. 中国是否遭遇了歧视性反倾销? ——兼与其他出口国的比较 [J]. 管理世界, 2011 (3).

[3] 陈龙江, 温思美. 经济复苏下的国际贸易保护措施新趋势及中国的对策 [J]. 世界经济研究, 2011 (7).

[4] 杜凯, 周勤. 中国对外直接投资: 贸易壁垒诱发的跨越行为 [J]. 南开经济研究, 2011 (2).

[5] 杜凯, 周勤, 蔡银寅. 贸易壁垒约束下企业对外投资选择的一般均衡分析 [J]. 管理工程学报, 2011 (1).

[6] 冯宗宪, 向洪金. 欧美对华反倾销措施的贸易效应: 理论与经验研究 [J]. 世界经济, 2010 (3).

[7] 霍伟东, 丁琳. 贸易保护主义: 从历史到现实 [J]. 经济学动态, 2009 (10).

[8] 焦知岳. 反倾销对外资进入模式的影响与政府政策的相机抉择 [J]. 财贸经济, 2006 (11).

[9] 李猛, 于津平. 发起国区位优势与中国对外直接投资的相关性研究——基于动态面板数据广义矩估计分析 [J]. 世界经济研究, 2011 (6).

[10] 李猛, 于津平. 中国反倾销跨越动机对外直接投资研究 [J]. 财贸经济, 2013 (4).

[11] 李猛, 于津平. 贸易摩擦、贸易壁垒与中国企业对外直接投资研究 [J]. 世界经济研究, 2013 (4).

[12] 李坤望, 王孝松. 申述者政治势力与美国对华反倾销的歧视性: 美国对华反倾销裁定影响因素的经验分析 [J]. 世界经济, 2008 (6).

[13] 李清亮, 海闻. 从维护公平贸易到变相贸易保护——世界反倾销的兴起与发展 [J]. 国际经济评论, 2011 (3).

［14］李永军. 中国外商直接投资行业分布的决定因素［J］. 世界经济，2003（7）.

［15］刘志彪，张杰. 全球代工体系下发展中国家俘获型网络的形成、突破与对策［J］. 中国工业经济，2007（3）.

［16］梅新育. 全球贸易保护主义风潮及其应对［J］. 国际贸易，2009（3）.

［17］卢进勇，郑玉坤. 化解反倾销困局——中国企业海外直接投资与应对反倾销［J］. 国际贸易，2004（3）.

［18］赖明勇，包群，彭水军，张新. 外商直接投资与技术外溢：基于吸收能力的研究［J］. 经济研究，2005（8）.

［19］裴长洪，樊瑛. 中国企业对外直接投资的国家特定优势［J］. 中国工业经济，2010（7）.

［20］沈国兵. 美国对华反倾销对中国内向和外向 FDI 的影响［J］. 财贸经济，2011（9）.

［21］谢建国. 经济影响、政治分歧与制度摩擦——美国对华贸易反倾销实证研究［J］. 管理世界，2006（12）.

［22］唐海燕，张会清. 产品内国际分工与发展中国家的价值链提升［J］. 经济研究，2009（9）.

［23］唐宇. 反倾销引发的四种经济效应分析［J］. 财贸经济，2004（11）.

［24］王瑾. 发展中国家对华反倾销的影响与动因——兼与发达国家的比较分析［J］. 国际贸易问题，2008（8）.

［25］项本武. 发起国特征与中国对外直接投资的实证研究［J］. 数量经济技术经济研究，2009，（7）.

［26］徐康宁，王剑. 要素禀赋、地理因素与新国际分工［J］. 中国社会科学，2006（6）.

［27］徐世腾. 中国海外直接投资中的贸易保护因素实证研究［J］. 经济问题，2011（7）.

［28］薛荣久. 经济全球化下贸易保护主义的特点、危害与遏制［J］. 国际贸易，2009（3）.

［29］于津平，郭晓菁. 国外对华反倾销的经济与政治动因［J］. 世界经济研究，2011（1）.

［30］张二震. 全球化、要素分工与中国的战略［J］. 经济界，2005（5）.

［31］张二震，马野青．国际贸易学［M］．南京大学出版社，2009．

［32］张建红，周朝鸿．中国企业走出去的制度障碍研究——以海外收购为例［J］．经济研究，2010，（6）．

［33］张辉．全球价值链动力机制与产业发展策略［J］．中国工业经济，2006（1）．

［34］张菀洺．反倾销对发起国FDI进入方式及流量的影响［J］．数量经济技术经济研究，2006（11）．

［35］Anderson，S. P.，Schmitt，N.，Thisse，J. F. (1995). Who benefits from antidumping legislation? Journal of International Economics 38，321 – 337.

［36］Aggarwal A. (2004). Macroeconomic Determinants of Antidumping：A Comparative Analysis of Developed and Developing Countries，World Development，Vol. 32，pp. 1043 – 1057.

［37］Azrak P. and Wynne K. (1995). Protectionism and Japanese Direct Investment in the United States，Journal of Policy Modelling，Vol. 17，No. 3，1995，pp. 293 – 305.

［38］Bala Ramasamy，Matthew Yeung，Sylvie Laforet (2010). China's outward foreign direct investment：Location choice and firm ownership. Journal of World Business，10：1 – 9.

［39］Barrell R. and Pain N. (1999). Trade Restraints and Japanese Direct Investment Flows，European Economic Review，Vol. 43，No. 1，pp. 29 – 45.

［40］Barral Welber (2003). Antidumping Measures：prospects for developing countries，IRI/UFSC Working Paper.

［41］Belderbos R. (2004). Vandenbussche and R. Veugelers，Antidumping Duties，Undertakings，and Foreign Direct Investment in the EU，European Economic Review，Vol. 48，pp. 429 – 453.

［42］Belderbos，R. (1997). Antidumping and Tariff Jumping：Japanese Firms' DFI in the European Union and the United States，Weltwirtschaftliches Archiv，Vol. 133，No. 3，pp. 419 – 457.

［43］Bettina Becker and Martin Theuringer (2000). Macroeconomic Determinants of Contingent Protection：The Case of the European Union，IWP Discussion Paper.

［44］Bhagwati，Jagdish N. (1987). quid pro quo FDI and VIES：Political-economy-theoretic analysis. International Economic Journal 1：1 – 14.

〔45〕 Bhagwati, Jagdish N. , Richard A. Brecher, Elias Dinopoulos, and T. N. Srinivasan (1987). Quid pro quo foreign investment and welfare: A political-economy-theoretic model. Journal of Development Economics 27: 127 – 38.

〔46〕 Bhagwati, Jagdish N. , Elias Dinopoulos, and Kar-Yui Wong (1992). Quid pro quo foreign investment. American Economic Review 82, no. 2: 186490.

〔47〕 Blonigen B. A. and Bown C. P. (2003). "Antidumping and retaliation threats", Journal of International Economics, 60, 249 – 273.

〔48〕 Blonigen B. A. (2005). A Review of the Empirical Literature on FDI Determinants, Atlantic Economic Journal, 33, 383 – 403.

〔49〕 Blonigen, B. , Feenstra, R. (1997). Protectionist threats and foreign direct investment. In: Feenstra, R. (Ed.). The Effects of U. S. Trade Protection and Promotion Policies. NBER and Chicago University Press, Chicago, pp. 55 – 80.

〔50〕 Blonigen, B. , Ohno, Y. (1998). Endogenous protection, foreign direct investment and protection-building trade. Journal of International Economics 46 (2), 205 – 227.

〔51〕 Blonigen, B. , Tomlin, K. , Wilson, W. W. (2004). Tariff-jumping FDI and domestic firms' profits. Canadian Journal of Economics 37: 656 – 677.

〔52〕 Bown Chad P. (2007). China's WTO Entry: Antidumping, Safeguards, and Dispute Settlement, NBER Working Paper.

〔53〕 Brander, A. and Spencer, B. J. (1987). Foreign Direct Investment with Unemployment and Endogenous Taxes and Tariffs, Journal of International Economics, Vol. 22, pp. 257 – 279.

〔54〕 Buekley, P. J. , Clegg, L. J. , Cross, A. R. , Liu, X. , Voss, H. and Zhang, P. (2007). The Determinants of Chinese Outward Foreign Direct Investment, Journal of International Business Studies, Vol. 38, No. 4, pp. 499 – 518.

〔55〕 Campa, J. , Donnenfeld, S. and Weber, S. (1998). Market Structure and Foreign Direct Investment, Review of International Economics, Vol. 6, pp. 361 – 380.

〔56〕 Collie, D. , Vandenbussche, H. (2001). Trade, FDI and Unions. Discussion Paper No. 2772, CEPR, London, pp. 26.

〔57〕 Chase, Kerry (1998). Capital Inflows, Domestic Coalitions, and the

Politics of Trade Policy. Paper presented at the 1998 meeting of the American Political Science Association, Boston, MA. Downloaded from http：//ase. tufts. edu/polsci/faculty/chase/capital. pdf（January24, 2005）.

［58］Clemens Michael A., Willianson Jeffrey G.（2001）. A tariff-Growth paradox? protecion's impact the world around 1875 – 1997. NBER Working Paper.

［59］Deng, P.（2004）. Outward Investment by Chinese MNCs：Motivations and Implications. Business Horizons, 2004, 47,（3）：8 – 16.

［60］Dinopoulos, Elias（1992）. Quid pro quo foreign investment and VERs：A Nash bargaining approach. Economics and politics 4：43 – 60.

［61］Dinopoulos, Elias, and Kar-Yiu Wong（1991）. Quid pro quo foreign investment and policy intervention. In International trade and global development：Essays in honor of Jagdish Bhagwati, ed. K. A. Koekkoek and C. B. M. Mennes. London：Routledge.

［62］Douglas Nelson（2006）. The economy of antidumping：asurvey. European Journal of Political Economy, 22, 554 – 590.

［63］Dunning, J. H.（1979）. Explaining Changing Patterns of International Production：In Defence of the Electic Theory. Oxford Bulletin of Economics and Statistics, 41（4）：69 – 295.

［64］Dunning, J. H.（1981）. Explaining the International Direct Investment Position of Countries：Towards a Dynamic or Developmental Approach. Review of World Economics, 117（1）：30 – 64.

［65］Dunning, J. H.（1988）. The Electic Paradigm of International Production：A Restatement and Some Possible Extensions. Journal of International Business Studies, 19（1）：1 – 31.

［66］Feinberg, R. M. and Reynolds, K. M.（2006）. The Spread of Antidumping Regimes and the Role of Retaliation in Filings, Southern Economic Journal, Vol. 72, No. 4, pp. 877 – 890.

［67］Finger Michael J.（1992）. Dumping and Antidumping：The Rhetoric and the Reality of Protection in Industrial Countries, The World Bank Research Observer, 7, 121 – 143.

［68］Fischer, R.（1992）. Endogenous probability of protection. Journal of International Economics 32, 149 – 163.

［69］Flam, H.（1994）. EC members fighting about surplus：VERs, FDI, and Japanese cars, Journal of International Economics 36, 117 – 31.

[70] Girma, S. and Greenaway, D. and Wakelin, K. (1999). Anti-dumping, trade barriers and Japanese FDI in the UK, GLM-Discussion Paper, 4, University of Nottingham.

[71] Goodman, J. B. , Spar, D. , Yoffie, D. B. (1996). Foreign direct investment and the demand for protection in the United States. International Organization 50, 565 – 591.

[72] Grossman, Gene, and Elhanan Helpman (1994). Foreign investment with endogenous protection. Working Paper no. 4876. Cambridge, Mass. : National Bureau of Economic Research.

[73] Haaland, J. , Wooton, I. (1998). Antidumping jumping: Reciprocal antidumping and industrial location. Weltwirtschaftliches Archiv 134 (2), 341 – 362.

[74] Haufler, A. and Wooton, I. (1999). Country Size and Tax Competition for Foreign Direct Investment, Journal of Public Economics, Vol. 71, pp. 121 – 139.

[75] Hillman, A. , Ursprung, H. (1988). Domestic politics, foreign interests and international trade policy. American Economic Review 51, 59 – 79.

[76] Hiscox, Michael J. (2004). International Capital Mobility and Trade Politics: Capital Flows, Political Coalitions, and Lobbying. Economics and Politics 16: 3 (November): 253 – 285.

[77] Horstmann, I. J. , Markusen, J. R. (1987). Strategic investments and the development of multinationals, International Economic Review 28, 109 – 121.

[78] Hymer, S. (1960). International Operations of National Firms: A Study of Direct Foreign Investment. Doctoral Dissertation, Massachusetts Institute of Technology.

[79] John J. Barcelo (1991). A History of GATT Unfair Trade Remedy Law-Confusion of Purposes, The World Economy.

[80] Johanson, J. & Wiedersheim-Paul, F. (1975). The internationalization of the firm-four Swedish cases. Journal of Management Studies, 12 (3): 305 – 323.

[81] Johanson, J. , & Vahlne, J. -E. (1977). The internationalization

process of the firm—a model of knowledge development and increasing foreign market commitments. Journal of International Business Studies, 8 (1): 23 – 32.

[82] Johanson, J. , & Vahlne, J. E. (1990). The mechanisms of internationalization. International Marketing Review, 7 (4): 11 – 24.

[83] Knetter, M. M. , Prusa, T. J. (2003). Macroeconomic Factors and Anti-Dumping Filings : Evidence from Four Countries. Journal of International Economics, 61 (1): 1 – 17.

[84] Konishi, H. , Saggi, K. , Weber, S. (1999). Endogenous trade policy under FDI. Journal of International Economics 49, 289 – 308.

[85] Kogut B. , Chang S. J. (1991). Technological Capabilities and Japanese Foreign Direct Investment in the United States. Review of Economics and Statistics, 73 (3): 401 – 413.

[86] Kyung-Ho Lee, Jai S. Mah (2003). Instutional changes and anti-dumping decesions in the Unites States, 25, 555 – 565.

[87] Lall, Sanjaya. (1983). Determinants of R&D in an LDC: The Indian Engineering Industry, Economics Letters, Vol. 13, No. 4, pp. 379 – 383.

[88] Leonard K. Cheng, Yum K. Kwan. (2000). What are the determinants of the location of foreign direct investment? The Chinese experience. Journal of International Economics, 51: 379 – 400.

[89] Ling Ling He and Razeen Sappideen (2012). Mapping Anti-Dumping Disputes from 1995 to 2011: The Changing Pattern, The Journal of World Investment & Trade, 13, 125 – 143.

[90] Manuel Arellano, Stephen Bond (1991). Some Tests of Specification for Panel Data: Monte Carlo Evidence and an Application to Employment Equations. The Review of Eco nomic Studies, 58 (2): 277 – 297.

[91] Manuel Arellano, Olympia Bover (1995). Another look at the instrumental variable estimation of error-components models. Journal of Econometrics, 68 (1): 29 – 51.

[92] Mah, J. (2000). Antidumping Decisions and Macroeconomic Variables in the USA, Applied Economics, Vol. 32, pp. 1701 – 1709.

[93] Mah, J. (2006). ITC decesions on antidumping duties under the WTO, Applied Economics Letters, 13, 73 – 76.

[94] Mallon Glenda and Whalley John (2004). China's post accession WTO

stance, NBER Working Paper.

[95] Markusen, J. R. , Venables, A. J. (1998). Foreign direct investment as a catalyst for industrial development. European Economic Review 43, Pages 335 – 356.

[96] Michael P. Leidy (1997). Macroeconomic conditions and pressures for protection under antidumping and countervailing duty laws: empirical evidence from the United States, 44, 132 – 144.

[97] Milner, W. and E. , Penecost (1996). "Locational advantages of US foreign direct investment in UK manufacturing", Applied Economics, 28, 605 – 616.

[98] Mundell, Robert A. (1957). International Trade and Factor Mobility, The American Economic Review, Vol. 47, No. 3, pp. 321 – 335.

[99] Mustapha Sadni Jallab, Rene Asndretto, and Monnet Benoit Patrick Gbakou (2006). antidumping procedures and Macroneconomic Factors: A Comparison between the United States and European Union, Globel Economy Journal, 5.

[100] Motta, M. (1992). Multinational 0rms andthe tari/jumping argument: A game theoretical analysis with some unconventional conclusions. European Economic Review 36, 1557 – 1571.

[101] Prusa, T. (1994). Pricing behaviour in the presence of antidumping law. Journal of Economic Integration 9, 260 – 289.

[102] Robert W. Staiger (2012). Non-tariff Measures and the WTO, WTO Working Paper.

[103] Richard Blundell (1998). Stephen Bond. Initial conditions and moment restrictions in dynamic panel data models. Journal of Econometrics, 87 (1): 115 – 143.

[104] Sabry, F. (2000). An Analysis of the Decision to File, the Dumping Estimates, and the Outcome of Antidumping Petitions. International Trade Journal 14 : 109 – 145.

[105] Salvatore, D. (1989). A model of dumping and protectionism in the United States. Weltwirtschaftliches Archiv125, 763 – 781.

[106] Smith, A. (1987). Strategic investment, multinational corporations' andtrade policy. European Economic Review 31, 89 – 96.

[107] Steven Globerman, Daniel Shapiro (2003). Governance infrastruc-

ture and US foreign direct investment. Journal of International Business Studies, 34, (1): 19 - 39.

[108] Trefler, Daniel. (1993). Trade Liberalization and the Theory of Endogenous Protection: An Econometric Study of U. S. Import Policy, Journal of Political Economy, Vol. 101, No. 1, pp. 138 - 160.

[109] Takacs Wendy E. (1981). Pressures for protectionism: an empeical analsis, Economic Inquiry, 11.

[110] Vandenbussche, H., Veugelers, R., Konings, J. (2001). Union wage bargaining and European antidumping policy. Oxford Economic Papers, April.

[111] Wallerstein Michael (1987). Unemployment, Collective Bargaining, and the Demand for Protection, American Journal of Political Science, 31, 729 - 752.

[112] Wells, L T (1983). Third World Multinationals. Cambridge. MA: The MIT Press.

[113] Wong, Kar-yui (1989). Optimal threat of trade restriction and quid pro quo foreign investment. Economics and Politics 1: 277 - 300.

[114] Zeng, K., Sherman, R. (2005). Foreign Direct Investment and Industry Demands for Protection. http://homepage. mac. com/richard. sherman/zeng_sherman_fdidp. pdf.